KB071306

아무 일도 하지 말라

아무 일도 하지 말라

인간을 살리는 쉼에 관한 21가지 짧은 성찰

이오갑 지음

추수밭

한 그루의 나무가 모여 푸른 숲을 이루듯이
청림의 책들은 삶을 풍요롭게 합니다.

✳✳✳✳✳✳✳✳✳✳

어머니에게

✳✳✳✳✳✳✳✳✳✳

당신의 쉼이 만들어가는 것들

쉼은 자유의 시간이다. 아무것도 안 해도 되고, 무엇이든 해도 좋다. 오롯이 자기 마음대로인 시간이다. 타인이 만들어 놓은 형식에 구애받지 않는다. 자유롭게, 자기 자신이 주체인 행위를 한다. 그 행위는 자신을 표현하지만, 또한 그런 행위들이 쌓여서 고유한 자신이 만들어진다. 인생은 다양하고 폭넓은 쉼의 경험을 통해서 자기를 이루는 여정이다. 쉼의 자유가 아무개라는 고유명사가 표상하는 존재를 창조한다. 그래서 쉼은 창조의 어머니이다.

유대교 랍비 아브라함 요수아 헤셸[Abraham Joshua Heschel]도 "우리가 어떤 사람이 될 것인지는 안식일이 우리에게 어떤 날이 되느냐에 달려 있다"고 했다.[1] 안식일, 그러니까 쉼의 시간을 어떻게 보내느냐에 따라서 한 사람의 성격은 물론 존재까지도 만들어진다는 뜻이다.

쉼이 만드는 건 개인이란 존재에 그치지 않는다. 쉼은 개개인의 인생만이 아니라 그들이 속한 사회도 만들어낸다. 사람들이 어떻게 쉬느냐에 그 사회의 수준이 달려 있다. 가령 문화생활을 활발하게 하면 사회의 문화 수준도 올라간다. 시민들이 자기성찰과 독서 등으로 성숙한 인격을 갖추고 사회의 문제점과 모순, 불공정 같은 데 관심을 갖고 목소리를 내면 사회는 더 좋아진다. 이처럼 사람들이 어떻게 쉬느냐에 따라 사회의 미래도 결정된다.

이렇게 중요한 쉼이지만, 우리 사회는 쉼에 관한 의식이나 공감대가 잘 이루어져 있지 않다. 그러니 잘 쉬는 게 어렵다. 쉰다고 한들 그 조건이나 시간이 손쉽게 침해되기 일쑤다. 개인적으로도 그렇고 사회적으로도 그렇다. 한때 '판교의 등대', '구로의 오징어잡이 배' 같은 말이 유행했다. IT나 게임 업계에서 밤새 불 켜 놓고 일하던 걸 풍자하는 말이다. 그런데 새 정부 경제

정책으로 주 52시간 근무제마저 흔들리고 있다. 유연근로제와 여러 예외 규정을 두어서 업계 특성에 따라 장시간 집중 노동이 가능해질 전망이다. 그래서 '판교의 등대'가 다시 불을 밝히지 않을까 우려하는 목소리도 들린다.

우리 사회에는 제대로 쉬지 못하는 사람들이 너무 많다. 직장인은 물론 자영업자들과 어린 학생들도 마찬가지이다. 쉬어야 건강을 유지하고 일의 능률도 올릴 수 있다. 갈고닦은 실력을 오랫동안 발휘하며 사회에 기여하는 것도 적당히 쉬어야 가능하다.

이 책은 쉬지 못하고 과로로 내몰리는 사람들의 문제에 주목하며 시작되었다. 사람들이 쉬지 못하는 데는 이유가 있다. 나는 그 이유를 크게 두 가지로 파악한다. 하나는 자본주의라는 사회경제 체제와 그 체제에서 비롯한 빈곤, 불평등 같은 사회적인 요인이다. 또 하나는 사회 구성원인 개인들의 욕망과 불안을 축으로 하는 심리적인 요인이다. 이 두 가지 요인이 복잡하게 얽혀 있다. 그래서 사회만 개혁한다고 해서 쉴 수 있는 게 아니고, 개인이 변하는 것만으로도 해결되지 않는다. 이 책에서는 그 두 요인을 중심으로 우리가 쉬지 못하는 —또는 쉬지 않는— 현실을 살펴보고 대안을 찾아보려고 했다.

그런 기본적인 얼개에, 어떻게 하는 것이 '잘' 쉬는 것인지도 고민해보았다. 잘 쉬어야 비로소 "쉬었다"고 할 수 있지만, 잘 쉬는 건 그 이상의 의미를 갖는다. '잘' 쉰다는 건 단지 아무것도 하지 않는 게 아니라, 무언가 뜻있고 유익하고 보람 있게 쉰다는 뜻이다. 사람들이 그렇게 잘 쉬면 일 이외의 부분에서도 더 성장하고 성숙해질 수 있다. 이제까지 사람들을 쉬지 못하게 했던 사회적이고 심리적인 문제들에 대해서도 눈을 뜰 수 있다. 개개인의 쉼이 안정적으로 지속될 수 있는 조건을 만들기 시작하는 것도 그렇게 해서이다. 잘 쉰다는 게 무엇인지, 그리고 어떻게 무엇을 하며 쉬어야 하는지도 짚어봐야 할 까닭이다.

이 책은 쉼을 둘러싼 사회적이고 심리적인 문제들을 깊이 있게 다루는 전문적이고 체계적인 연구서는 아니다. 다만 문제를 마주하고 이해하기 위해 인문·사회 분야의 여러 연구 결과를 참고했다. 쉼이란 결국 인간의 문제이자 사회의 과제이고, 경제적인 역학이 작동하는, 오랜 역사를 거쳐 축적되어온 문제이기 때문이다. 한마디로 쉼에 대한 공시성과 통시성을 함축한 책이라고 할 수 있다. 자칫 딱딱하고 지루해질 수 있는 인문 분야의 교양서지만 가능한 한 쉽고 간결하게 썼고, 또 재미도 더하려고 했다.

숙제는 오래전에 받아들였지만 이런저런 다른 연구로 탈고에 많은 시간이 걸렸다. 인내심을 갖고 기다려준 출판사 관계자분들께 미안하고 감사하다. 대학에서는 아마 마지막 저서가 될 이 책을 돌아가신 어머니에게 바친다.

2023년 새해, 다르게 만날 날들을 기대하며

이오갑

"그 어떤 것도 생각나지 않을 만큼 즐거운 상태"
일상의 불안을 해소하는 놀이와 섹스

"인생이라는 학교에서 '공부'하자"
진짜 삶을 배우고 성찰하는 시간

"고독과 우울을 치유할 최선의 방법"
모임으로 지속적인 쉼의 환경 만들기

"휴일에 인터넷은 꺼두셔도 좋습니다"
디지털 디톡스로 취하는 완전한 휴식

나오는 글

1부

우리는 왜 쉬지 못하는가

"한국 사람들은
일하는 것을
좋아한다?"

▌외국인이 바라본
▌한국인의 일중독[1]

한국인은 어떻게 '워커홀릭'이 되었나

《한국인은 미쳤다》라는 책이 있다.[2] 저자는 LG전자 임원으로 일했던 프랑스인 에리크 쉬르데주$^{Eric\ Surdej}$이다. 쉬르데주는 한국 기업들이 가진 "놀라운 효율성, 모든 세부사항을 일일이 통제하는 세심함, 목적 달성을 위해 에너지와 의지를 무한정 끌어내는 능력" 등을 높이 평가했다. 그러나 말도 안 되게 살벌한 기업문화도 많다고 했다. 특히 그가 주목한 것은 근무시간이다.

점심시간이 유일한 휴식시간이지만 밥 먹는 20분 남짓에도 업무 관련 지시나 정보 교환이 이루어진다. 그리고 한 20분 산책을 하거나 담배 한두 개비를 피우고, 12시 40분에 사무실로 복귀한다. 업무는 6시까지인데, 6시는 퇴근 시간이 아니라 야근 시작 시간이다. 그렇게 밤 10시나 11시까지 일하고 퇴근한다. 월요일부터 금요일까지 그런 식으로 일하고, 토요일이 되면 또 나와서 일한다. 임원들은 일요일에 골프장에서 회사 관련 정보나 의견을 나누고 친목을 도모한다. 쉬르데주도 주요 임원을 하는 2년 동안 단 5일만 휴가를 썼고, 토요일은 거의 매번, 일요일은 격주로 출근했다고 한다.

이런 일화도 있다. 직원들이 과로로 쓰러져 입원한 동료의 병문안을 가서 "언제부터 다시 나올 수 있느냐"고 물었다는 것이다.

이런 생활을 끝도 없이 반복하는데, 사람들이 힘들어하지 않고 오히려 즐거워하는 것 같았다는 것이다. 그러니 "한국인은 미쳤다"는 얘기이다. 심하게 말하면, 일을 '채찍'으로 사용하는 사디스트들이고 마조히스트들이다. 학대하면서 즐거워하는 가학적인 문화이고, 학대받으면서 쾌감을 느끼는 피학대 문화라고 할 수 있다.

서양에서는 이런 사람들을 가리켜 흔히 '워커홀릭^{workaholic}' 이라고 한다. 일에 빠져 살고, 일밖에 모르고, 일을 하고 있어야 마음이 편한 사람들이다. 그러나 한국과는 양상이 다르다. 서양 은 워커홀릭이 주로 개인적이고 개별적인 경우이고 그런 사람 들을 별다르게 취급하는 경향이 있다. 그러나 한국에서는 집단 적이고 강박적이기까지 하다. 일하는 사람 다수가 그렇다. 하루이틀이 아니라 수십 년간 계속돼 온 문화이다. 이렇게 쉬지 않고 과하게 일하는 것을 누구도 이상하게 여기지 않는다. 오히려 그렇지 않은 사람을 비정상으로 여긴다. 외국인에게 "미쳤다"는 소리를 들을 정도로 한국인의 과로는 집단병리적인 현 상이다.

그렇다면 한국인들은 왜 이렇게 됐을까? 왜 이토록 많은 일 을 하면서 서로 혹사시키고 혹사당하는 걸 편하게 여기게 됐 을까?

한국인의 일중독 문화는 자본주의적 사회 구조 때문만은 아 니다. 같은 자본주의이지만 노동시간을 준수하고 여가를 잘 누 리는 나라도 많다. 따라서 원인은 체제에 있는 게 아니라 사람, 특히 한국인들에게서 찾을 수밖에 없다.

'공부 중독'에서 '일중독'으로

한국인의 일중독, 일에 대한 집단적인 강박에는 여러 가지 원인이 제시될 수 있겠지만, 나는 한국인들이 성장 과정에서 공통적으로 겪었던 트라우마에 주목한다.

한국인들이 겪은 가장 큰 트라우마는 어릴 때부터 가정에서, 학교에서, 학원에서 공부에 내몰렸던 것이라고 할 수 있다. 언제 어디서나 듣는 소리가 "공부하라"는 한마디였다. 아마 한국인들이 어렸을 때 가장 많이 받은 질문은 "공부 잘하고 있니?"였을 것이다. '공부'밖에는 들은 게 없다고 할 정도이다. 공부를 학교에서 하는 것도 모자라 학원에서 하고, 과외 받으며 하고, 집에서도 했다. 학교가 끝나면 집에 가는 게 아니라 학원이나 독서실로 갔다. 직장에서 6시가 퇴근 시간이 아니라 야근 시작 시간인 것처럼 학창시절 하교 시간인 4시는 보충수업과 자율학습이 시작되는 시간이다. 직장에서의 주말 근무는 학창시절의 학원 주말반과 같다. 어렸을 때부터 이미 9시 출근, 10시 퇴근, 주말 근무가 체질화되었다.

한국의 직장인들은 가장 여리고 섬세한 시절에 대학이라는 목표 하나만 바라보며 강행군하는 생활을 10년 이상씩 한 사람들이다. 그것도 성공적으로 잘 해낸 사람들이다. 성장기 10여 년간 유례를 찾기 어려운 '공부 규율'로 다듬어졌다. 이의를 달 수 없던 규율이다. 어기거나 거부할 때는 부모와 교사, 학원 강 사의 훈육과 회유에 시달렸다. 규율을 따를 때는 편안하고 당당 할 수 있었지만, 따르지 않을 때는 불안하고 눈치를 봐야 했다.

대부분의 한국인이 이런 성장 과정을 거치며 일밖에 모르는 사람이 된 것이다. 철저하게 규율을 내면화하면서 학생 때는 하 루 10시간 이상 공부해야 마음이 놓이고, 성인이 되어서는 10시 간 이상 일을 해야 마음이 놓이는 상태가 되었다. 그리고 규율 에서 조금이라도 벗어나면 불안하고 두렵게 되었다. 공부를 강 요했던 '부모-교사-학원 강사'라는 구체제는 '출퇴근 기록 카 드-CCTV-직장 상사'의 신체제로 바뀌었을 뿐 구조는 똑같 다. 다그치고 압박하는 구조에 익숙해지니 일을 하지 않고 쉬는 것보다 일을 할 때가 오히려 안심이 된다.

이처럼 특정한 목표가 주어지고 그것을 이루기 위해 주변의 압박과 강요를 견디는 것은 학생 때를 거쳐 성인에 이르기까지 우리의 일상이 되었다. 일로부터, 일을 강요하는 체제로부터 자 유롭지 못하게 된 것이다. 일을 강요하는 체제의 희생자이지만, 그 자신이 체제의 대행자이자 집행자가 되기도 한다. 경력이 쌓이고 지위가 높아지면서 체제를 내면화하고, 그 자신이 체제를 대표하고 대신하는 것이다. 그런 이들에게 자유나 여유, 쉼은 힐책의 대상이므로 마음 놓고 쉬지 못하고 여유도 부리지 못한다. 어쩌면 쉬는 것에 대한 두려움이 있을지도 모른다. 그렇게 만들어진 사람들이 현재 이 사회의 대다수인 4050 직장인, 기업인, 정치인이다. 쉬지 않고 일해야 마음이 편한 사람들이다. 그러니 쉬르데주 같은 외국인이 '한국 사람들은 끊임없이 일하는 것을 좋아하고 즐긴다'고 보는 것도 무리는 아니다.

장시간 노동은 누구도 즐길 수 없는 것

한국인들이 쉼 없이 일하는 것은 원해서도 아니고, 즐기는 것은 더더욱 아니다. 그런 식으로 커왔고, 그런 교육을 받아왔기 때문이다. 오랜 세월 잘하면 상을 받고 못하면 벌을 받고, 심지어 체벌까지 당했던 경험이 쌓였다. 어리고 약한 아이들을 오랜 기간 그런 식으로 반복해서 대할 때 어떤 결과가 나올까? 우리가 지금 보고 있는 그대로이다.

쉬르데주가 목격한 것처럼, 일에 미친 한국인들이 만들어낸 집단적이고 강박적인 일중독 사회는 지금도 현재진행형이다. 이런 사회, 이런 문화를 만든 세대를 비난하는 것도 비판하는 것도 아니다. 기성세대는 그렇게 살았다고 해도 우리 아이들, 젊은이들도 그렇게 살아야 하는지 생각해보자는 것이다. 2021년 기준 한국의 연간 노동시간은 OECD 회원국 평균보다 199시간이 많은 1,915시간이다. 멕시코, 코스타리카, 칠레 다음으로 길게 일한다.[3]

이제는 몸도 마음도 쉬고 여가를 누리고 자유를 느끼며 사는 식으로 우리의 일상을 재구조화할 때이다. 우리 삶을 되돌아보고, 보다 건강하고 행복한 방식의 삶을 향해 나갈 기회이다. 기업은 고용을 늘려야 하고, 직장인들은 초과 근무수당이 줄어 불만이 있을 수 있으나 긍정적으로 받아들여야 한다. 비인간적인 노동문화를 후세까지 대물림할 수는 없지 않은가?

"전태일 이후 50년,
세상은 좀 더
나아졌을까?"

▌끊임없이 경쟁을 요구하는
▌자본주의 시스템

전태일의 희생이 이뤄낸 것

역사를 살펴보면, 노동자들이 쉴 권리를 얻기 위해 목숨까지 걸고 싸웠던 사례가 많다. 근대자본주의 발달 이후 세계 각국에서 거의 공통적으로 일어났던 현상이다. 산업혁명으로 장시간 중노동에 시달리는 노동자들에게는 임금 인상보다 쉼이 더 우선적인 요구이기도 했다. 그만큼 노동자들에게는 쉼이 무척 절실한 문제였다.

1970년 11월 13일, 우리나라 노동운동사의 기점이 되는 전태일 열사 분신 사건도 노동시간 단축, 즉 쉼이 일차적인 문제였다. 전태일 열사가 자신의 몸을 불사르며 외쳤던 "근로기준법을 준수하라, 노동자는 기계가 아니다"는 법이 정한 노동시간을 지킴으로써 쉴 수 있게 해달라는 것이었다.

전태일 열사가 준수하라고 외쳤던 당시의 근로기준법은 노동시간을 주당 48시간으로 규정했다. 6일 근무에 하루 8시간 꼴이다. 하지만 있으나 마나 한 법이었다. 일선 산업현장에서 법을 지키는 회사들이 별로 없었고, 지키지 않는다고 해서 처벌을 받는 일도 거의 없었다. 전태일 열사가 일했던 청계천 평화시장의 봉제 공장 노동자들은 하루에 14시간씩, 주당으로 따지면 100시간에 가까운 중노동에 시달렸다. 휴일은 고작 한 달에 이틀이었다. 전태일 열사가 생전에 박정희 대통령에게 보낸 탄원서에는 노동시간 단축 요구가 제일 먼저, 그리고 가장 길게 나오며 임금 인상이나 건강검진 요구 등은 그 뒤에 간략하게 따라온다.

1개월에 첫 주와 삼 주 2일을 쉽니다. 이런 휴식으로써는 아무리 강철 같은 육체라도 곧 쇠퇴해버립니다. 일반 공무원의 평균 근

무시간 일주 45시간에 비해 15세의 어린 시다공들은 일주 98시간의 고된 작업에 시달립니다. 또한 평균 20세의 숙련 여공들은 6년 전후의 경력자로서 대부분이 햇빛을 보지 못한 안질과 신경통, 신경성 위장병 환자입니다. 호흡기관 장애로 또는 폐결핵으로 많은 숙련 여공들은 생활의 보람을 못 느끼는 것입니다. (…) 저희들의 요구는 이것입니다. 1일 14시간의 작업 시간을 단축하십시오. 1일 10시간~12시간으로, 1개월 휴일 2일을 일요일마다 휴일로 쉬기를 희망합니다. 건강진단을 정확하게 하여 주십시오. 시다공의 수당 현 70원 내지 100원을 50% 이상 인상하십시오. 절대로 무리한 요구가 아님을 맹세합니다. 인간으로서의 최소한의 요구입니다.[4]

탄원서에서 전태일 열사가 요구했던 것은 주당 1일의 휴무 보장과 1일 최대 12시간, 즉 주당 72시간 이내의 노동이었다. 오늘날의 기준으로 보면 가혹한 노동시간이지만, 당시에는 '희망사항'이었다. 전태일 열사는 "인간으로서의 최소한의 요구"를 위해 노동청과 동대문구청 등을 찾아다니며 문을 두드렸지만, 모두 외면하거나 형식적으로만 대했다. 결국 전태일 열사는 거리로 나서 동료들과 함께 유명무실한 근로기준법 화형식을

▲
**최저생계비 보장을 요구하며
농성에 들어간 평화시장 노동자들(1984)**

1970년 전태일 열사의 분신을 계기로
평화시장에서는 노동자들의 생존권 보장을
촉구하는 움직임이 활발해졌다.

거행하고 분신까지 감행했다.

전태일 열사의 희생으로 비로소 노동문제는 세간의 관심을 끌면서 사회의 주요 의제로 떠올랐다. 오늘날 우리가 누리는 노동환경은 이런 처절한 희생에서 비롯된 것이라고 할 수 있다.

자본주의 체제는 노동자들을 혹사시킨다

쉬고 싶다는 절박한 요구가 나오게 된 배경에는 노동자들을 혹사시키는 자본주의 경제 체제가 있다. 자본주의는 말 그대로 자본, 돈을 목적으로 삼는 경제 체제이다. 근대 이후 자본주의는 급격한 발전과 확장을 거듭해 오늘날 전 세계를 지배하고 있다. 그 결과 경제만이 아니라 사회와 정치, 문화까지도 은연중에 돈이 목적이며 그에 따라 개개인의 생각과 가치관, 더 나아가 삶까지 길들여지고 있다. 동시에 자본주의는 경쟁을 요체로 하고 있고 경쟁이 불가피하다. 개인들 간에, 기업들 간에, 그리고 국가 간에 언제 어디에서든 전쟁에 가까울 정도로 치열한 경쟁을 벌이고 있다. 그도 그럴 것이 경쟁에서 뒤처지면 밀려나고 도태되는 현실이니 목숨 걸고 일을 할 수밖에 없다. 그러니 자본주의 경제 체제는 필연적으로 누구든 마음 편히 쉬기 어려운 시스템이라고 해도 과언이 아닐 것이다.

저개발국가였던 한국이 해외 시장에 진출해 살아남기 위해서는 경쟁력을 갖춰야 했다. 당시 한국 경제는 이른바 노동집약산업이 주축이었다. 의류, 가발, 신발, 조선 같은 저임금을 바탕으로 하는 산업들이다. 국가는 이런 기업들의 경쟁력을 높이려고 여러 가지 특혜를 주고 지원도 했다. 따라서 기업 활동을 저해할 수 있는 노동운동은 국가가 앞장서서 막아주었다. 국제적 기준이 있어 그럴듯하게 노동관계법을 제정해놓기는 했지만, 유명무실했다. 기업주들이 탈법·불법 행위를 저지른다고 해도 눈감아주는 일이 흔했다. 전태일 열사가 아무리 호소하고 외치고 다녀도 관계당국이 외면했던 이유가 여기에 있다.

'인간의 얼굴을 한 자본주의'는 가능한가?

다행히 오늘날 기업은 사회와 환경에 대한 책임과 노동자들의 권익을 의식해서, 생산과 실적만을 강조하며 경쟁을 독려하는 경영에서 벗어나고 있다. 인간의 얼굴을 한 자본주의가 되어간다고 할까. 기대만큼은 아니지만 변화가 있다는 건 인정할 수 있다. 그러나 자본주의의 구조와 특성상 한계와 문제점은 여전하다. 과거처럼 냉혹하지는 않다 하더라도, 기업은 국내외 다른 기업들과 경쟁하며 수익 극대화를 위해 전력을 기울일 수밖에 없기 때문이다. 기업이 이윤을 추구할 때 노동자의 권익, 특히 쉼은 보장되기 어렵다.

오늘날 기업은 수익성 제고를 위해 선진 경영기법을 도입하고 유능한 인재 유치를 위해 힘쓰고 있다. 하지만 생산비를 낮추는 전통적인 방식 역시 여전히 유효하다. 생산비에서 높은 비중을 차지하는 게 인건비이다. 기업들마다 최대한 저임금을 유지하려는 이유이다. 저임금일 때 노동자들을 통제하기도 쉽다. 적은 인상으로도 큰 효과를 낼 수 있기 때문이다. 대부분의 기업이 임금을 최대한 낮추고 각종 수당을 보상책으로 내놓으며 더 많은 노동과 생산을 요구하지 않는가. 노동자가 야근과 잔업 등 과중한 노동에 내몰리고 심지어는 법정 노동시간을 넘어서까지 일하게 되는 까닭이다.

"힘들지만
웃으면서 즐겁게
일합니다"

■ 강제적인 동시에
자발적인 근대 노동

후기 근대인의 자발적 강제 노동: 한병철의 《피로사회》

재독 철학자 한병철은 《피로사회》에서 21세기 포스트모던 사회인들의 '피로'를 분석하고 설명했다.[5] 그에 따르면, 시대마다 그 시대의 고유한 질병이 있다. 21세기는 우울증, 주의력결핍 과잉행동장애ADHD, 경계선 성격장애, 소진(번아웃) 증후군 같은 신경증적 질병이 특징적이다. 반면 근대에는 박테리아나 바이러스에 의한 감염성 질병이 지배적이었다. 근대 시대는 감염에 대한 면역학적 대응이 잘 보여주듯, 사회적으로도 이질적인 낯선 타자를 공격하고 부정하고 배제하고 차별했다. 근대사회에 두드러지는 이런 '부정성 과잉'은 20세기를 관통한 동서 간의 냉전과 인종 간·종교 간 분쟁 등으로 입증된다.

그러나 21세기에 들어서며 '세계화'의 결과로 권역 간·국가 간 경계나 장벽이 사라지거나 약화되었다. 자연스럽게 타자성이라든지 이질적인 요소도 줄어들었다. 이것들은 더 이상 두렵거나 부정되어야 할 것이 아니라, 오히려 관심과 호기심, 탐색과 선망의 대상으로 떠오르기도 했다. 21세기 들어 매우 활발해진 여행과 관광이 그런 현상을 잘 보여준다. 이렇게 부정할 것이 점차 사라지자 그 빈자리를 긍정성이 대체했다. 모든 것이 가능하고, 하는 만큼 이루어낼 수 있었다. 이를 방해하는 의심이나 재고, 비판 같은 부정성은 뒷전으로 밀려났다. 그러면서 어떤 것이든 한번 시작되면 과잉을 넘어 포화될 때까지, 또는 힘이 빠지고 다 타버려 꺼지고 말 때까지 결코 멈출 수 없게 되었다.

부정성 과다에 의한 폭력으로 점철된 이전 시대처럼, 21세기 포스트모던 사회의 긍정성 과다 역시 새로운 폭력을 불렀다. 과잉생산, 과잉가동, 과잉 커뮤니케이션 등이다. 이에 대한 반발은 면역 저항이 아니라 신경증적인 해소나 거부 반응으로 나타난다. 과다에 따른 소진, 피로, 질식 같은 것으로 모두 '신경성 폭력'이라 할 수 있다. 신경성 폭력은 박탈하거나 배제하기보다는 포화시키거나 고갈시킨다.

긍정성 과잉의 시대는 '···을 해야 한다'나 '하면 안 된다' 같은 부정적이고 규율적인 양식을 넘어서 여러 가지 탈규제 경향과 함께 '할 수 있다'는 양식이 지배하는 '성과사회'를 출현시킨다. 이 사회의 지배적인 의식은 당위에서 능력으로 이행되며, 사람들은 규제나 의무감 때문이 아니라 스스로의 선택과 자유를 통해 성과를 이루고 능력을 보여주고자 한다.

성과사회 시스템의 폭력은 심리적 경색을 가져온다. 성과를 내고 자신을 성취하려는 데 실패한 포스트모던 사회인의 좌절이 곧 우울증이다. 우울증은 모든 것이 가능한 시대에서 더 이상 할 수 있다는 신념이 통하지 않을 때 발생한다. 또한 실패에 대한 두려움과 성과에 대한 압박으로 인해 끝없는 노동을 강요당함으로써 탈진과 극도의 피로를 야기한다. 성과사회의 주체들은 강제나 규율이 아닌 자신의 자유 의지로 움직인다. 따라서 실패와 성공은 자신에게 달려 있다 여기고 스스로 과도한 노동에 빠져들고 자기 착취로까지 치닫는다. 그의 노동은 누가 시켜서가 아니라 그 자신의 내면이 요청하는 자발적인 것이지만 스스로 멈추지 못한다는 점에서 강제적이기도 하다. 그래서 그 자신이 가해자인 동시에 피해자이고, 착취자인 동시에 피착취자이다. 포스트모던 사회인은 그렇게 자발적이고도 강제적인 노동에 시달림으로써 다른 누구를 원망하지도 못한 채 고갈되고, 탈진하고, 극도의 피로에 시달리고 있는 것이다.

근대인의 노동도 자발적이었다

한병철이 21세기 포스트모던 사회인들의 피로를 자발적 노동에 의한 피로로 본 것은 충분히 설득력이 있다. 근대사회가 감염성 질병들로 상징되는 이질적 타자에 대한 공격과 배제, 차별로 점철되었다는 점 역시 그렇다. 신경병적 증후군에 시달리는 후기 근대인들에게 대안으로 사색적 주의력과 관조적인 삶, 건강한 분노와 헤겔적인 부정성의 회복 등을 제시한 것도 좋다.

그러나 한병철은 포스트모던 시대의 자발적 강제 노동이 이미 근대사회에서 시작되었으며 그 시대를 특징짓고 있었다는 점을 간과했다. 요컨대 중세 이후 지난 세기까지 근대인은 이미 그런 자발적 강제 노동을 하고 있었다. 그들 역시 '할 수 있다'는 긍정적인 마음으로 자발적이고도 적극적인 노동을 함으로써 근대의 눈부신 문명을 이뤄냈다. 말하자면 근대건 후기 근대건 사람들에게 극심한 피로를 가져다준 노동에는 모두 자발적인 동기가 작용했다는 것이다.

한병철이 규정하듯 근대사회가 부정성 과잉의 규율사회였다는 점은 인정한다. 하지만 긍정성 과잉의 성과사회가 아니었다고는 할 수 없다. 근대사회가 감염병에 시달리면서도 이를 퇴치하고 21세기 후기 근대의 신경증적 사회를 열 수 있었던 것은, '할 수 있다'는 신념으로 실험실을 24시간 가동하며 연구에 몰두했던 근대과학자들 덕분이다. 그들의 노력이 타율적이었다거나 의무감에서만 나온 것이라고 하기는 어렵다. 근대사회 자체가 성과를 이루기 위해 끊임없이 도전과 과제에 몰입했던 사람들에 의해 형성되었기 때문이다.

근대사회의 개척자들은 더 많은 영토와 권리와 재부財富를 얻기 위해 신대륙으로 몰려가고 식민지를 개척하며 전쟁과 살상까지 불사했다. 험난한 장애물과 조건들도 신대륙으로 향하는 행렬을 가로막지 못했다. 그들은 불굴의 의지와 도전, 끝없는 노력으로 한계를 넘어섰다. 그런 사람들에게 노동시간은 문제가 아니었으며, 극기는 기본이고 종종 자기희생도 불사했다. 선두에 선 사람들이 아닌 일반인들도 저마다의 일상에서 땀 흘리며 장시간의 노동을 마다하지 않았다. 다시 말해 근대인들의 노동 역시 눈에 보이는 목표와 더 많은 부를 얻기 위한 자발적인 것이었으며, 부득이한 경우가 아니고서는 멈출 수 없었다는 점에서 강제적이었다. 후기 근대인들의 노동만이 아니라, 근대인들 역시 시대와 환경이 달랐을 뿐 자발적이면서 강제적인 노동으로 '피로'했던 사람들이다.

물론 근대인들의 노동이 다 똑같지는 않았다. 산업혁명 이후 대량생산과 분업으로 대표되는 공장 안에서의 노동은 다르게 봐야 할 것이다. 무수한 도시빈민 프롤레타리아 노동자는 값싼 노동력 때문에 하루 13시간 이상 쉼 없이 돌아가는 컨베이어 벨트를 떠나지 못했다. 자신과 가족의 생존을 위해서 장시간 노동을 할 수밖에 없었다. 좀 더 좋은 조건의 공장을 선택할 수 있었을지는 몰라도 장시간의 노동을 피하는 것은 불가능했다. 그런 점에서 그들의 노동을 자발적이라고 하는 건 너무나 비인간적이다.

그러나 산업혁명 이전부터, 특히 중세가 저물고 자본주의의 발전과 함께 근대의 여명기에 새롭게 떠오른 근대인들을 좀 더

가까이서 볼 필요가 있다. 그러면 근대인들이 긍정성 과잉에 의해 어떤 폭력에 시달렸는지, 어떻게 해서 자발적 강제 형태의 노동에 빠져들었는지를 이해할 수 있다.

더 큰 부를 추구하는 부르주아의 탄생

근대 이전 중세 봉건사회에서도 농민들의 노동은 과도했다. 중세 봉건사회는 생산성이 무척 낮았고 각종 세금과 노역, 지대, 십일조 등이 과다했다. 이런 상황에서 인구의 대부분을 차지했던 농민들은 쉴 새 없이 일했다. 농토를 일구어 곡물과 채소, 과일을 재배하고 가축을 사육하는 한편, 농사와 생활에 필요한 도구와 물품도 만들었다. 온종일 쉬지 않고 움직여야 감당할 수 있는 일이었다. 더구나 이렇다 할 동력기계 없이 대부분 사람들의 힘으로 했고, 말과 소의 힘을 빌린다 해도 손이 안가는 게 아니었다. 노동강도와 수량이 오늘날 현대인들이 생각할 수 있는 수준이 아니었다. 하지만 봉건사회의 노동시간은 대체로 해가 뜰 때부터 질 때까지로 제한되었고 농한기도 있었다. 이런 불가항력의 자연적인 조건들이 어쩔 수 없이 쉬게 하고,

숨을 돌릴 수 있게 했다. 그 외에도 사회적 제약이 있어서 굳이 노동에 목숨 걸 이유도 없었다.

동양도 그렇지만, 서양 봉건사회는 신분사회였다. 태어날 때부터 서열이 정해져 있었기 때문에 농민이나 평민은 신분 상승을 꾀할 수 없었고 그럴 꿈도 꾸지 않았다. 더군다나 자본주의 발전 이전에는 돈을 벌어 부자가 된다든지, 벌어들인 돈으로 신분을 산다든지, 높은 자리에 진출한다든지 하는 일도 불가능했다. 돈 벌 길이 없었기에 부나 지위, 성공의 가능성 자체가 닫혀 있었다. 축재를 해서 부자나 귀족이 되거나, 출세를 하기 위해 '남들보다 더 잘, 더 많이' 일할 이유가 없었다. 하지만 농경에 기반을 둔 봉건사회가 붕괴되고 근대자본주의가 발전하면서 사정은 달라진다.

리오 휴버먼Leo Huberman에 따르면, 근대자본주의 사회는 '상인'이 출현하면서 시작되었다. 그들은 중세에는 없던 사람들이었다. 중세에는 왕이나 귀족 같은 통치자, 기도하는 성직자, 그리고 대부분이 농민인 노동자들밖에 없었다. 중세에도 시장과 상행위가 있었지만, 농민들과 수공업자들이 직접 생산한 것을 지역에서 파는 수준이었다. 그러다 십자군 원정 등을 계기로 중개업과 무역 등이 시작되고, 지중해를 중심으로 아라비아뿐만 아니라 인도와 중국 등지와의 교역도 빈번해졌다. 북유럽에서도 북해의 해상로를 이용해 러시아부터 잉글랜드까지 광범위한 무역이 성행했다. 이 상권들이 주변으로 확장되고, 마침내 지중해의 남유럽 상인들과 북해의 북유럽 상인들이 유럽 중심부 평원에서 만나 대규모 정기시(중세 유럽에서 1년에 한 번 열린 최대 규모의 전시 시장)를 개설했다.[6]

이때만 해도 유럽인 대부분은 상인들이 하는 일을 이해하지 못했다. 의심의 눈초리로 지켜보거나 상인들이 돈 버는 걸 질투하고 비난하기도 했다. 반면 부자가 된 상인들은 대중의 시선에 아랑곳 않고 선망하던 신분을 사서 귀족이 되거나 토지를 구입해 지주가 되기도 하고, 과거 영주들의 궁전을 사서 호사스러운 생활을 즐겼다.

스위스의 경제사학자 장 프랑수아 베르지에[Jean-François Bergier]는 자본주의 초기에 돈을 벌었던 제네바의 많은 상인이 이전 시대의 성공의 표상이었던 귀족 신분과 토지 소유에 골몰했던 사례를 언급한 바 있다.[7] 이런 사례가 제네바뿐 아니라 한발 앞서 자본주의가 발전했던 이탈리아 어디에서든 볼 수 있던 현상이라고 했다. 이는 자본주의 발달을 더디게 했다는 점에서 '퇴행'이라고 할 수 있으나, 한편으로는 당시 사람들의 돈을 벌려는 의도가 어디에 있었는지를 잘 보여준다. 가난하고 보잘것없는 '한恨 많은' 평민 신분을 벗어나서 귀족이 되고 지주가 되겠다는 것인데, 근대자본주의의 발달은 이런 바람을 실제로 가능하게 해주었다.

상인들뿐만 아니라 일반 농민들과 수공업자들에게도 크고 작은 기회가 열렸다. 가령 당시 급격한 인구 확장을 보이던 도시에 필요한 물품을 공급할 수 있었다. 중개상인을 통하기도 했지만, 도시 인근의 농민들은 성곽 밖에 개설된 시장에 농산물 등을 직접 내다 팔았다. 돈을 손에 쥐기 시작하자 사람들은 더 많은 생산을 위해 밤낮없이 궁리하고 노력했다. 근면하게 노동해서 더 많은 돈을 벌었고, 그 돈을 저축해 불려나갔다. 그런 식으로 돈을 벌어서 전주錢主가 되고, 투자자가 되고, 부르주아가 되었다.

자본주의가 발전하면서 부르주아도 늘어났다. 눈앞에서, 주변에서 이를 목격한 수많은 사람이 그 행렬의 뒤를 이었다. 근면하고 검소한 생활을 하면서 온통 일만 생각하고 일에 빠져드는 근대자본주의 인간의 표준이 이렇게 해서 생겨났다. 이런 근대인의 노동은 강제적인 건 아니다. 누가 시켜서 혹은 억지로 하는 게 아니라 자신의 의지와 선택에서 나온 자발적인 노동이었다. 그들은 더 큰 성과를 올리고 기대하는 목표에 도달하기 위해서 스스로 노동에 투신했다. 그렇게 부를 일구면 다음에는 더 큰 부가 기다리고 있었기에 근대인은 노동을 멈추지 못했다. 따라서 일 년 내내 노동을 떠날 수 없는, 일밖에 모르는 삶을 살았다. 오늘날 우리 후기 근대인들이 느끼는 과도한 피로와 탈진, 한병철이 말하는 '긍정성 과잉의 신경성 폭력'들의 뿌리는 훨씬 더 오래되고 깊을 수 있다는 뜻이다.

"천국보다 세속을,
도덕보다 성공을"

■ 욕망을 마음껏 터뜨리기 시작한
르네상스

교회의 속박에서 벗어나 욕망을 따르다

근대인들이 자발적으로 과도한 노동을 한 이유는 근대자본주의의 발달에서 찾을 수 있지만, 근본적인 원인은 다른 데 있다. 바로 인간이 지닌 욕망이다. 자본주의의 발달로 부의 획득과 신분 상승의 길이 열렸다고 해도 그 길을 가겠다는 욕망이 없는 한 아무 소용이 없다. 부자가 되고 성공하겠다는 욕망, 남들에게 인정받고 대우받으려는 욕망, 좀 더 거창하게는 사회에서 큰일을 하고 역사에 이름을 남기겠다는 욕망이다. 인류 역사를 살펴보면, 이런 욕망이 작용하지 않았던 시대가 없다.

한병철이 말하는 포스트모던 사회의 자발적 강제 노동도 마찬가지이다. 그가 말하는 성과사회, 또는 피로사회의 신경성 폭력에 따른 소진, 고갈, 피로 등은 사회 현상에 대한 설명일 뿐 원인이 아니다. 원인은 능력을 발휘해 성과를 쌓고, 높은 연봉을 받으며 사회적으로 번듯한 지위에 오르고자 하는 사람들의 근본적인 욕망에서 찾을 수 있다. 사람들이 피로에 시달리면서도 쉬지 않고 일하는 것은 시대를 막론하고 자신의 신분이나 지위를 상승시키고자 했던 욕망에서 비롯된 것이다.

그렇다면 근대인들의 욕망은 무엇이었을까? 근대인들의 욕망은 다양했다. 부와 신분에 국한되지 않았으며, 그 누구의 방해도 받지 않고 성#과 권력을 욕망하고 추구했다. 근대인들의 욕망 추구에 걸림돌이 되는 것은 기존의 사회질서, 이념과 가치체계 등이었다. 그리고 그 모든 것을 대표하는 게 바로 교회였다. 근대 이전에는 교회가 기성 체제를 대표해서 사람들의 욕망을 억압하고 기존의 관념과 질서에 순응하게 만들었다.

중세 유럽은 중세기 천 년 동안 기독교의 정신적 지배를 받았다. 신율에 기반을 둔 기독교는 인간의 자연적 본성을 억제하고 신의 뜻에 순복할 것을 가르쳤다. 따라서 교회가 앞장서서 물질과 세속에 대한 욕망, 감각적이고 성적인 욕망을 최소한으로 제한하고 그 이상은 억압하며 금지했다. 성직자들은 자신들도 제대로 지키지 못하면서 이렇게 가르쳤다.

물질과 부, 사치, 쾌락 같은 것은 천국으로 가는 길의 걸림돌이므로 그에 관한 욕망을 끊고, 지금에 만족하며 살아야 한다.
자신과 가족을 위한 것을 제외한 나머지는 교회와 가난한 이웃들을 위해 바쳐야 한다.
국왕과 세도가들은 신이 세워주신 존재들이기에 함부로 넘볼 수 없다.
"각 사람은 부르심을 받은 그대로 지내라"고[8] 하지 않았던가. 평민으로 태어났다면 평민으로, 노예로 태어났다면 노예로, 자기 신분을 천운으로 여기며 살아야 한다.

이토록 인간의 욕망을 억압했던 중세 전통에 대한 반발은 먼저 문학과 미술, 건축 등 문화예술 분야에서 터져 나왔다. 바로 14세기경 이탈리아에서 시작된 '르네상스'이다. 르네상스는 중세 기독교 문명 이전 고대 그리스-로마 문화의 '재생'이라는 의미를 가지지만, 내용적으로는 인간의 자연적 본성과 욕망을 긍정하고 인체로 대표되는 인간 자체의 아름다움을 주장하고 추구했다.

각 분야에서 분출된 근대인의 욕망

르네상스는 휴머니즘의 성격이 강했지만, 유럽으로 확산되면서 신학·철학·법학 등 주요 학문 분야에서 인문고전 연구를 바탕으로 인간성을 긍정하고 고무하는 휴머니즘(인문주의)으로 이어졌다. 그리고 이 문예사조는 근대 과학의 발전, 종교개혁 등과 함께 근대의 고유한 특징을 형성했다.

르네상스 이후의 문학계에는 이전에는 감히 상상도 할 수 없었던 외설적인 작품이 유행했다. 대표적으로 보카치오^{Giovanni Boccaccio}의 《데카메론》을 꼽을 수 있지만, 라블레^{François Rabelais}의 《가르강튀아》와 《팡타그뤼엘》, 프랑수아 1세의 여동생인 마르그리트 드 나바르^{Marguerite de Navarre}가 쓴 《헵타메론》도 빼놓을 수 없다. 이런 문학적 경향은 당시 사회를 반영하기도 했지만, 동시에 그런 사회를 조장하기도 했다. 그래서 상류층만이 아니라 일반 평민들 사이에도 성적 일탈과 자유가 만연했다. 심지어 이런 풍조는 교회와 수도원까지도 휩쓸었다.

경제 분야에서도 이전 시대의 도덕과 가치 관념에서 벗어나 경제와 돈 그 자체를 추구하는 경향이 생겨났다. 르네상스 이전에는 속되고 천하다고 여겼던 돈을 삶의 목적으로 삼고, 아주 작은 돈이라도 소중히 여겼다. 이것이 바로 자본주의 '정신'[9]이라는 것인데, 이탈리아의 정치인이자 경제사학자인 아민토레 판파니^{Amintore Fanfani}의 견해이다. 판파니는 12세기부터 15세기까지의 이탈리아 자본주의의 발달을 연구했다. 바로 르네상스가 시작되고 만발하던 때였다. 경제적으로는 전^前자본주의로부터 자본주의로 이행하던 시대이기도 했다.

판파니는 전자본주의와 자본주의를 가르는 기준점을 자본가들과 경제인들이 이전 시대의 종교적 계율과 도덕관념에 속박되느냐, 아니면 거기서 벗어나 경제적 이윤과 수익 그 자체를 목적으로 삼느냐에서 찾았다. 그는 14세기경 이탈리아 경제가 알프스 너머의 시장에서 현지 상인들과 치열한 경쟁을 하며 어려운 시기를 보낼 때, 아주 작은 이윤까지도 철저하게 따지면서 수익성 자체를 목적으로 삼는 '정신'이 생겨났다고 보았다. 판파니는 바로 그것이 자본주의 정신이며 경제를 종교나 도덕으

▲
쿠엔틴 마시스의 〈환전상과 그의 아내〉(1514)
성서의 책장을 넘기면서도, 옆에서 돈을 계산하는
남편의 모습을 흘깃 쳐다보는 부인의 모습이 인상적이다.

로부터 떼어놓고 그 자체를 목적으로 여기는 의식구조라고 했다. 그런 정신으로 무장한 상인들, 자본가들은 이전의 종교적이고 도덕적인 속박을 벗어버리고, 성공과 부의 획득이라는 자신의 욕망을 충실하게 따라갔다.[10] 그렇게 할 수 있었던 것은 자본주의 시장의 치열한 경쟁 원리에 따른 불가피한 선택이기도 했지만, 당시 사회의 일반적인 추세였던 점도 작용했다.

자본주의 '정신'과 비슷한 것은 정치에도 등장했다. 마키아벨리즘이다. 마키아벨리즘 역시 정치를 중세의 종교와 도덕, 가치관으로부터 떼어놓고 정치 그 자체, 혹은 정치를 통한 욕망의 실현, 정권 획득을 추구했다. 군주를 비롯한 정치가는 권력을 위해서라면 수단과 방법을 가리지 않는 성향이 있다. 마키아벨리의 《군주론》이 악마의 사상이라며 교황청에서 금서로 지정한 것에서 짐작할 수 있듯, 교회가 지배했던 르네상스 이전에는 그런 성향이 비난받기도 하고 양심에 저촉되는 일이기도 했다. 그러나 교회의 힘이 약해지며 권력을 향한 개인의 욕망이 정당성을 얻었고, 권력을 잡기 위해 정치를 한다는 말을 공공연하게 해도 아무렇지도 않게 들을 수 있게 되었다.[11]

중세 말 근세 초기에 일어난 이런 변화에 힘입어, 근대인들은 경제·정치·사회·문화 어느 분야에서든 신의 정의와 종교적 계율, 도덕적 가치판단의 속박을 벗어버린다. 그리고 인간의 자연스러운 감정과 욕망, 성욕, 물질욕과 권력욕까지 인정하고 고무했다. 근대인들은 종교적이고 도덕적인 삶은 일요일에 교회나 성당에 가는 것으로 대신하고, 평소에는 자신을 위한 삶과 물질적인 부와 현세적인 행복을 추구했다. 누구를 위한 삶이 아니라 자신을 위한 삶을, 미래를 위한 삶이 아니라 현재의 삶을 살았다. 현세에서의 자기실현 또는 자기성취가 목표가 된 것이다. 그리고 자신의 직업과 더 넓게는 삶 전체를 교회나 도덕이 아닌 그 자체의 이치에 따라 인정하고, 개개인의 욕망을 적극적으로 추구함으로써 근대인들은 일에 매달리고 과중한 노동에 빠져들었다. 이러한 욕망을 충족하려면 현실의 벽을 넘어야 하는데, 결코 쉬운 일이 아니었다. 수많은 경쟁자를 물리쳐야 했고, 그를 위해 우선 자기 자신과 싸워야 했다. 이 모든 게 자기 분야에서의 실력과 실적, 성과로만 가능했기 때문에 근대인들은 일을 삶 자체로 여기며 집중하고 몰두했다. 근대인들은 그렇게 '과로'를 일상화하고, '쉼'이 절대적으로 필요한 상황을 자초했다.

"나는 자유롭다,
그러므로 불안하다"

**개인주의가 낳은
불안이라는 그늘**

역사의 무대에 등장한 개인

개인주의는 한마디로 사회나 집단, 공동체보다 개인의 중요성을 강조하는 경향이다. 역사에 개인이 등장하고, 개인의 중요성과 가치가 고양되면서 개인주의가 형성되었다.

현대인의 과도한 노동에는 개인주의가 적지 않은 영향을 미치고 있다. 개인주의는 불안을 동반하는데, 여기에는 공동체에서 벗어난 개인이 주체성과 개성을 실현함과 동시에 함께 성장하고 있던 자본주의 경제 안에서 부와 지위를 획득하게 된 것과 관련이 깊다.

중세사회에는 개인이라는 개념이 없었다. 영주의 신민, 교회의 교인, 마을 공동체와 가족의 일원으로서 존재할 뿐 영토와 집단으로부터 자유로운 개별적 주체로서의 개인은 존재하지 않았다.

그러나 근대사회가 태동하면서 개인이 역사의 무대에 등장했다. 사람들은 스스로를 삶의 주체로 인식하고, 자신을 위한 삶을 영위하고 개척하는 개인으로 한 걸음 내딛기 시작했다. 개인의 등장과 형성에는 자본주의의 발흥과 르네상스, 종교개혁이 지대한 영향을 끼쳤다. 자본주의의 근본 동기인 부와 성공에 대한 욕망, 르네상스 시대의 자연적 본성이나 성적 해방 등은 모두 개인의, 개인을 위한, 개인에 의한 것이었다. 이전에는 교회가 신성한 권위를 가지고 개개인을 통제하면서 신과 교회, 동족을 위해 희생하고 헌신하며 살도록 가르쳤다. 교회의 가르침을 따르면 천국에서 적절한 보상이 주어질 것이란 믿음 속에서 근대인들은 기꺼이 자신의 욕망을 억제하고 공동체를 위한 삶을 받아들였다.

그러나 십자군 전쟁 이후 동서양 교류가 활발해지고, 지리상 발견으로 세계의 지평이 넓어졌다. 천문학 등 근대 자연과학이 발전하면서 교회가 가르쳤던 전통적 세계관도 붕괴하기 시작했다. 차츰 교회 중심의 사고나 삶에서 벗어나 전근대적인 관습과 미신, 무지에서도 해방되었다. 자본주의가 발달하면서 봉건주의가 해체되고, 영지에 묶여 있던 수많은 사람이 도시로 이동했다. 그동안 구체제와 교회가 억압했던 개인이 잠에서 깨어나 기지개를 켜고 교회의 욕망이 아닌 자기만의 욕망에 따른 삶을 가동하게 된 것이다.

믿음은 교회가 아닌 개인의 몫이다

특히 종교개혁은 개인주의의 빗장을 연 중요한 사건이었다. 교회 생활이나 신앙에서 기존의 권위에 무조건 순복하지 않고 스스로 믿고 생각하며 살아가는 주체적이고 자발적인 개인들이 대거 등장할 수 있었던 원인이다.

마르틴 루터$^{Martin Luther}$는 구원이 로마 가톨릭교회의 교리와 가르침, 종교관습에 따르는 삶이 아니라, 개인들 스스로 그리스도를 믿는 믿음에 달려 있다고 주장했다. 기도하는 문제에서도 사제나 성자, 성물의 중재 없이 개인이 직접 해야 한다고 했으며, 성서를 읽거나 해석하는 것 역시 교황이나 교회에 의존하지 않고 직접 읽고 이해하라고 가르쳤다. 매 주일마다 그런 설교와 가르침을 받으며 살았던 중세적 '우민'들이 점차 근대적 '개인'으로 깨어날 수 있었던 원인이다.

장 칼뱅Jean Calvin도 개인의 중요성과 개인주의의 확산에 기여했다. 칼뱅도 루터와 마찬가지로 삶에서 개인의 주체성과 책임을 강조했지만, 예정론 같은 교리는 신앙적인 개인주의를 강화하는 결과를 가져왔다.

신이 어떤 사람들은 영원한 생명으로, 어떤 사람들은 영원한 형벌로, 그들이 태어나기도 전에 이미 선택했다는 예정론이 퍼져나가면서 대중은 당황했다. 각자의 미래와 운명을 생각하며 번민하게 된 것이다. 나는 구원으로 예정되었을까, 영벌로 예정된 건 아닐까 하는 염려에서 타인을 돌볼 여유가 사라졌다. 칼뱅이 의도했던 예정론은 그런 게 아니었으나,[12] 점차 원래 교리의 초점과 의미를 잃고 통속화된 예정론은 대중의 불안을 자극하고 신에 대한 의무와 헌신을 강요하는 방향으로 나아갔다. 그 과정에서 사람들이 구원을 자기 자신의 행실과 삶의 결과에서 찾는 경향이 생겨났다. 어떻게 살고 있는지, 삶에서 어떤 결과를 거두는지가 중요해졌고, 사람들은 그런 데서 구원의 증거를 구하게 되었다. 누구도 대신해 줄 수 없는 신 앞에서의 구원을 위해 개인들은 신의 요구와 뜻을 따르며 그 결과를 만들어내기 위해 더욱 성실하고 근면한 생활을 영위했다. 개인의 부와 성공이 신의 은혜의 표시가 되고, 영원한 예정과 구원의 증거로 여겨졌다.

자유로운 만큼 불안한 개인

그러나 이렇게 개인주의가 뿌리내린 게 좋기만 한 것은 아니었다. 개인은 자유인으로서 자율적으로 생각하고 선택하고 행동하지만, 그 결과에 대한 책임을 스스로 짊어져야 한다. 개인이 주체라는 건 자기 자신에 대한 책임을 전적으로 자기가 진다는 것을 의미한다. 승리의 월계관을 쓰고 만인의 주목을 받는 성공을 차지할 수 있지만, 실패의 쓰라린 결과를 오로지 혼자서 감내해야 할 수도 있다.

이전 사회에는 자신을 지지해주고 실패의 부담도 나눠주며 다시 일어서는 데 도움을 주었던 공동체와 가족들이 있었다. 개인이 두드러지지 않았기 때문에 작은 실수나 실패는 집단이나 사회에서 껴안아줄 수도 있었다. 그러나 공동체가 와해되고 가족 간에도 깔끔하게 거리를 두고 사는 개인주의 사회에서는 그런 보호를 기대할 수 없다. 그런 점에서 현대의 자유롭고 자율적인 개인들은 훨씬 더 큰 삶의 무게를 짊어지고 있다.

그래서 근대인은 아주 고독한 실존이라고 할 수 있다. 자유로운 만큼 불안하다. 자신이 원하는 걸 선택하고 실행할 수 있으나 그 결과로부터 자유롭지 않다. 특히 자신이 잘못한 것, 다 하지 못한 것, 결과적으로 실패한 것에 대한 책임을 져야 하고 그만큼 실패에 대한 두려움과 불안이 크다. 따라서 언제나 자기도 모르게 불안의 그늘에서 살아간다고 할 수 있다.

근대인들의 과로에는 이런 불안이 자리 잡고 있다. 일을 하지 않으면 실패할까 봐 불안하지만, 일을 하면 그만큼 성과를 거두고 불안마저 잊을 수 있으니 더욱더 일에 빠져든다. 일을 많이 하면 할수록 실패의 염려에서 멀어지고 성공에 다가간다. 그러나 치열한 경쟁이라든지 불가항력적인 사회적 조건들로 인한 실패의 위험이 없는 건 아니다. 그 불안과 스트레스가 또다시 일에 매진하게 한다. 현대인이 일에 중독되는 원인도 이런 불안과 무관하지 않다.

"언제 일자리를
잃을지 모른다"

■ **신자유주의가 낳은**
사회경제적 불안

무한 경쟁을 요구하는 경제 체제

현대인이 일을 놓지 못하는 사회경제적 요인으로는 20세기 말부터 전 세계적으로 맹위를 떨친 신자유주의를 빼놓을 수 없다. 신자유주의는 소비에트 공산사회 붕괴와 함께 20세기 말부터 크게 발전한 자본주의 형태이다. 20세기 내내 자본주의와 공산주의가 대립하면서 체제의 우월성을 겨뤘으나, 결국 자본주의가 세계 경제의 유일한 체제로서 아성을 누리게 됐다. 그러면서 미국을 중심으로 한 선진국들은 세계 경제를 단일시장으로 통합하기 위해 세계화를 천명했다. 자유무역협정^{FTA}을 활발하게 체결함으로써 권역별·국가 간 각종 경제 장벽과 보호장치를 무너뜨렸다. 또한 후진국에게 기업 경영과 금융, 노동, 시장 등 경제 전반에 대한 글로벌 스탠더드를 요구하면서 자국 기업의 투자 활동을 유리하게 만들었다. 세계시장에서 자국의 이익 추구를 방해하는 각종 규제를 풀고 보다 자유롭게 최대 수익을 구현할 유연한 경제 체제를 만든 것이다.

이런 경제 체제는 사람들의 삶을 매우 불안하게 만들었다. 신자유주의 이전에는 한 국가 안에서 비슷한 기업과 개인끼리 경쟁했으나, 신자유주의 경제 체제가 도입되면서 세계화라는 명분 아래 세계 기업들과 국경 없이 전면적으로 경쟁하게 되었기 때문이다. 경쟁이 격화되면서 노동자들은 더 많은 힘과 공을 들여 일하게 되었다. 노동시간이 늘어났음은 말할 것도 없다. 기업의 경영 방식도 철저한 실적 위주의 평가로 이루어지고 기업 간 무한 경쟁이 노동자들의 무한 경쟁으로 확대되었다. 뿐만 아니라 '고용유연화'라는 이름으로 비정규직과 파견 노동 같은 불안정노동이 확산하고, 해고와 구조조정도 훨씬 쉬워졌다. 고용안정성이 붕괴되며 평생직장이라는 개념이 사라진 것이다.

탈세계화 시대의 새로운 위기

신자유주의는 노동만이 아니라 저금과 주식, 부동산 등 자산까지 염려하게 만드는 경제 체제이기도 하다. 전에는 근로소득이 안정적이면 큰 문제가 없었지만, 지금은 환율이나 금리, 경기의 변동에 따라 자산 가치의 등락이 심하기 때문이다. 신자유주의 시대에 10년마다 한 번씩 닥친다고 하는 경제 위기가 사람들에게 미치는 영향은 거의 살인적이라고 할 정도이다.

한국에서는 1997년 IMF 외환 위기가 닥쳤고, 2008년 리먼 브라더스 파산으로 시작된 서브프라임 모기지론 사태는 세계 경제에 타격을 주었다. 2020년 갑작스러운 코로나19 팬데믹으로 인한 위기 역시 세계 경제를 얼어붙게 했다. 수많은 자영업자가 폐업하고, 기업들도 일자리를 줄여 실직자들이 양산되었다. 미국을 비롯한 각국에서는 재정을 확대하는 '양적완화'로 상황을 타개하려고 했지만, 급격하게 풀린 돈으로 주식과 부동산 등 자산 가격이 급등했다. 뒤늦게 '영끌'해서 주식을 하고 아파트를 산 사람들도 있지만, 이번에는 금리가 올라서 빚을 진 사람들이 전전긍긍하고 있다.

경제는 다시 급변하고 있다. 양적완화 등으로 인한 인플레를 잡기 위해서 미 연방준비제도가 앞장서서 금리를 올리고 있다. 우리나라도 따라가지 않을 수 없어 올리지만 가계부채, 기업부채가 발목을 잡고 있다. 대출이 많은 서민들, '영끌'한 젊은이들은 근로소득으로 이자를 내기도 버거운 상황이다. 그런데 엎친 데 덮친 격으로 주식과 부동산 등 자산 가치마저 하락하고 있다. 전 세계적으로도 경기침체가 예고되어 미래는커녕 당장 현재 상태가 불안해서 일손마저 잡기 어려운 현실이다.

적지 않은 전문가들이 이제는 신자유주의가 저물고 탈세계화의 시대가 도래하고 있음을 말하고 있다. 미국의 중국 견제와 러시아–우크라이나 전쟁으로 냉전시대 구도가 다시 시작되고, 경제도 이전의 권역별 경제로 급격히 회귀하고 있다. 우리나라도 정치적으로나 경제적으로 선택을 강요받고 있어서 운신의 폭이 무척 좁아졌다.

경제 위기가 닥칠 때마다 결과적으로는 미국 월가와 정관계를 움직이는 큰손들, 자본가와 부자들이 수혜를 본다. 자산시장을 선점한 부자들은 버블위기 때 꼭짓점에서 비싸게 팔고 폭락 사태가 왔을 때 헐값에 사들이는 반면, 중산층과 서민들은 이래저래 '털려서' 고생하고, 부자들의 재산 증식을 도와주는 경우가 많다.

이런 상황에서 사람들은 치열하게 살 수밖에 없다. 개인적인 경쟁력을 위해서도 그렇고, 자신이 속한 기업을 위해서도 그렇다. 그렇게 하지 않으면 도태되고 밀려나는 가혹한 현실이다. 현실의 중압감과 불안감을 이겨내려면 여간한 노력이 필요한 게 아니다. 자리를 보전하기 위해서 일해야 하고, 언제 닥칠지 모를 퇴직 후 제2, 제3의 삶을 위해서도 생각하고 대비해야 한다. 아파트나 주식 등 겨우 마련한 자산을 지키기 위해서도 그렇다. 결과가 나쁘면 언제라도 가난의 늪으로 빠져들 수 있으니 긴장의 끈을 놓을 수 없다. 그런 불안을 이기려면 시간과 정성을 아끼지 않고 안심할 만큼 모든 일을 잘 해내야 한다. 그래서 현대인은 쉬지 못한다.

"아동노동은
지금도
반복되고 있다"

**아이들조차
쉬지 못하는 이유**

'학습'이라는 노동

쉼이 필요한 건 어른들만의 이야기가 아니다. 아이들도 어른들 못지않게 쉼이 필요하다. 2019년 통계청 조사에 따르면 학생들의 학습시간은 이전 조사보다 약간 줄어들었다. 경기도에서부터 시작된 이른바 '0교시 학습 폐지' 등의 조치 덕분이라고 한다. 그러나 여전히 한국 학생들의 학습시간은 세계 최고 수준이다. 고등학생은 주당 46.9시간, 중학생은 42시간이다. 성인의 주당 노동 40시간을 상회한다. 그마저도 전국 평균값이고, 특목고 진학이나 대학 입시를 앞둔 학생들은 훨씬 더 많은 시간을 쓴다. 최소 하루 10시간 주 6일은 공부해야 특목고나 중상위권 대학에 진학할 수 있기 때문이다.

학생들에게는 학습시간이 곧 노동시간이다. 이런 식의 교육은 아동노동을 폐지해왔던 문명의 오랜 역사를 무색하게 할 만큼의 아동·청소년 학대라는 생각을 지울 수 없다.

근세 이전의 역사를 보면 학습이란 미명 아래 아이들을 혹사시켰던 일이 흔했다. 아동 인권에 대한 감각이 없어서 이루어진 일이다. 16세기 제네바의 콜레주^{collège}에서 이루어졌던 학습 내용을 보자. 콜레주는 요즘으로 치면 중등교육과 대학 교양교육까지 포괄하는 5~7년 과정의 기숙학교로 이 과정을 마치면 신학대학교, 법학대학교, 의학대학교에 진학할 수 있었다.

콜레주의 학생들은 하절기에는 오전 6시, 동절기에는 오전 7시에 일어나서 일요일을 제외한 주 6일 동안 저녁까지 온종일 수업을 받았다. 식사는 하루에 두 번, 오전 수업을 마친 뒤 점심식사와 저녁 10시의 저녁식사가 있었다. 저녁식사 후에도 저마다의 사정에 따라 개인 공부를 계속했다. 수업시간만 주당 70시간이었다.[13]

한창 자라는 시기의 청소년들이 하루에 두 끼만 먹고 하루 10시간 이상씩 수업을 받았다니 놀랍다. 가난하고 혹독한 시대이기도 했고, 장차 사회 지도층이나 엘리트가 될 소수의 학생들이었기에 그런 공부가 가능했을 거라고 이해할 수는 있지만, 지독하게 시켰다는 생각이 가시지 않는다.

학교에 가지 못한 아이들은 학습노동 대신 장시간의 가내노동에 동원되었다. 가난하고 생산성이 낮았던 반면, 각종 세금과 부과금 등으로 생존 자체가 위협받았기 때문에 한 사람도 쉴 수 없었다. 그래도 가정 내에서 이루어졌던 아동노동은 어느 정도의 상호이해와 가족애가 있었기 때문에 비인간적이었다고는 할 수 없다. 적어도 산업사회가 도래해 공장노동에 동원된 아이들에 비하면 말이다.

지금도 계속되는 아동노동의 현실

산업혁명기에 대규모 공장이 세워지고 기계가 동원되면서, 여성과 어린이도 취업하는 일이 많아졌다. 대거 공장에 들어간 아이들의 노동은 가혹하기 짝이 없었다. 19세기 영국에서 나온

보고서들에 따르면, 공장에 들어온 아이들은 일곱 살짜리도 있었는데, 대개 스물한 살까지 견습 생활을 했다. 노동시간은 아침 5시에서 밤 8시까지 하루 15시간이었다. 기계가 멈추거나 작업이 중단되면 그 시간만큼 잔업을 해야 했고 하루 종일 앉지도 못하고 서서 일했다. 그러다 보니 기계에 다치는 아이들도 많았고, 공장 바닥에 쓰러져 있는 아이들도 종종 있었다.[14]

　가혹한 아동노동은 산업혁명기의 영국에만 있었던 건 아니다. 아메리카와 아시아 등 산업화의 길을 밟았던 대부분의 나라에서 아동노동이 행해졌고, 지금도 곳곳에서 진행되고 있다. 2020년 기준 전 세계적으로 다섯 살부터 열일곱 살까지 1억6천만 명의 아동이 노동에 동원되고 있다. 이는 전체 어린이의 9.6%에 이르는 수치이다. 아동노동의 종류는 농업이 1억1천200만 명으로 70%이고, 서비스업이 3천140만 명으로 20%, 공업이 1천200만 명으로 10%를 차지하고 있다. 2016년부터 2020년까지 4년간 아동노동자의 수는 840만 명이 늘어 아동노동 종식을 위해 노력했던 지난 20년간의 노력에 비하면 후퇴 수준이라고 국제노동기구[ILO]는 지적하고 있다.[15]

　이렇게 혹독한 현실은 저개발국가들의 가난, 다국적 기업들과 그 하청 기업들의 부도덕한 경영 때문이기도 하지만 더 근본

▲
루이스 하인의 〈자정, 인디애나 유리공장의 어린 노동자들〉(1908)
사회학자이자 사진작가였던 루이스 하인은
미국의 공장, 광산, 들판, 도시의 열악한 작업 환경에 놓인 어린이들을 관찰하고 기록했다.

적으로는 자본주의 경제구조에서 비롯된 문제이기도 하다. 또한 국가 차원에서 관리가 미비하기 때문이기도 하다. 개별적으로는 대물림되는 가난과 교육의 결핍, 더 크게 보면 세계 차원의 불평등과 부의 편중에서 원인을 찾을 수도 있다. 원인이 무엇이든, 지금도 아이들은 노동현장에 동원되어 위험하고 힘든 작업을 계속하고 있다.

자녀를 향한 부모의 불안과 욕망

다시 우리의 문제를 돌아보자. 현재 입시 공부에 시달리는 청소년의 학습노동은 유엔이나 국가 인권위원회에서 다뤄야 할 정도로 심각한 문제이다. 물론 인권위의 권고가 있다 해도 부모와 학교, 학벌을 중시하는 우리 사회의 의식이 바뀌지 않는 한 제자리걸음일 것이다.

교육을 그저 좋은 학교에 진학하고, 좋은 직업을 얻기 위한 수단으로 생각하는 한 학대에 가까운 학습노동 문제가 해결될 가능성은 없다. 교육을 책상에 앉아 하는 공부 정도로 여기는 풍토도 마찬가지이다. 교육 자체에 대한 이해와 철학의 빈곤을

탓할 수 있지만, 그렇게 교육시키지 않으면 안심할 수 없는 우리 사회의 문제이다. 또한 이런 교육 문제를 해결하기보다 당연하게 받아들이며 그에 맞춰 사는 사람들의 안일함에도 원인이 있다.

근본적으로는 사람들의 욕심과 불안에서도 이유를 찾을 수 있다. 더 정확하게 말하자면 결국은 부모들의 문제이다. 자식들의 성공과 출세를 가문의 영광쯤으로 생각하는 풍토도 문제지만, 거기에 편승해서 어떻게 해서든 자식을 일류대학에 보내고 성공시키겠다는 욕망 때문에 부모가 나서서 자녀의 공부에 전력을 기울인다.

동시에 우리 아이가 뒤처질까 봐, 실패할까 봐, 자기 앞가림을 못할까 봐 불안을 감추지 못한다. 그래서 아이를 그냥 내버려둘 수 없다. 잘될 수 있도록, 잘할 수 있도록 한시라도 눈을 떼지 못한 채 개입하고, 간섭하고, 강요하는 일이 늘어난다. 자식이 잘되기를 바라는 부모의 마음이야 훌륭하지만, 그런 마음이 자녀에 대한 모든 개입을 정당화시키는 건 아니다. 자녀를 향한 욕망과 불안을 어떻게 완화하고 해소할지 심각하게 고민해야 한다.

2부

쉼을 가능하게 하는 것들

"1등을 향한
무한질주에서
벗어나려면?"

**모두가 함께 쉬기 위한
욕망의 다스림**

너무 많은 욕망이 너무 많은 일을 낳는다

'욕망^{desire}'이라고 하면 대개 성적^{性的}인 것을 연상하기 쉽다. 그러나 욕망의 스펙트럼을 살펴보면 성욕 외에도 가장 기본적인 식욕부터 물욕, 권력욕, 명예욕 등 다채로운 것으로 구성되어 있다.

욕망의 라틴어 어원은 'desirarer'로 '자기에게 없는 것을 아쉬워한다'는 의미이다. 자신에게 결핍된 것에 끌리고, 그 결핍을 채우고 싶어 하는 마음이라 할 수 있다. 인간이라면 누구나 이런 마음을 가지고 있으므로 욕망은 인간의 본성이라 할 수 있다. 단지 무엇을 대상으로 하느냐에 따라 종류가 다를 뿐이다. 욕망에 따라 삶의 방향과 목표가 정해지고 삶의 에너지도 욕망을 이루는 데 집중되고 사용된다. 욕망은 삶의 원동력이다.

흔히 강한 욕망을 부정적으로 본다. 하지만 삶의 동력이라는 측면에서 본다면 욕망은 강해야 좋다. 엔진 용량이 큰 차가 더 빠르게 잘 달린다. 마찬가지로 욕망이 강한 사람이 목표를 더 잘 달성할 수 있다. 모두가 같은 조건이라면, 욕망이 약한 사람보다는 강한 사람이 더 많이 성공한다. 욕망이 약하면 생존 경쟁에서 밀리고 도태되기 쉽다.

그렇지만 욕망이 강하다고 무조건 좋기만 한 건 아니다. 정도껏 강해야지 지나치면 문제가 생긴다. 성공하려는 욕망이 너무 강하면 앞뒤를 돌아보기 어렵다. 사회의 질서를 유지하는 법과 정당한 절차와 방법이 있으나 이를 대수롭지 않게 여기며 무시할 수 있다. 사회는 수많은 사람의 욕망이 분출하고 부딪히면서 불꽃을 튀기는 거대한 각축장이다. 사람들의 욕망이 부딪히는 곳에서는 불법과 탈법, 편법이 난무한다. 사회가 혼란스럽고 무질서해지는 것도 어떻게 해서든 이기고 보려는 강한 욕망들 때문이다.

강한 욕망은 과로의 원인이 된다. 욕망이 강할수록 쉬지 못하고 자기 자신을 혹사시킨다. 강렬한 욕망을 유지하는 한 쉼은 없다. 앞서 근대인들의 욕망이 어떻게 시대의 억압을 뚫고 분출되기 시작했으며, 어떻게 일상적 과로의 원인으로 작용했는지를 보았던 바와 같다.

기본적으로 어느 시대 어느 환경에서든 더 높은 계급으로 상승하려는 욕망, 성공하려는 욕망은 전력을 다하게 한다. 같은 조건에서는 더 많이 고심하고 더 많이 일하는 사람에게 월계관이 주어진다. 올림픽 금메달을 딴 어느 선수가 이런 말을 했다. "나보다 더 많이 땀 흘린 선수가 금메달을 받는다면 억울할 것 같지 않았다." 그 누구보다도 열심히 했다고 자부하는 것이다. 올림픽은 단기간이지만, 인생이라는 올림픽은 최소 수십 년이다. 최대의 성적을 내기 위해서, 경쟁에서 승리하기 위해서 온 힘을 기울여야 하는 게 수십 년이라는 이야기이다. 물론 선수촌에서 훈련하는 강도를 평생 유지할 수는 없다. 그래도 성공하려는 욕망이 강하면 그만큼 많은 노력을 하게 된다.

욕망의 사회적 통제와 자발적 통제

흔히 인생에 쉼표를 찍으라고 한다. 좋은 이야기이다. 그리고 지금 우리에게 적절한 조언이다. 그럼 쉼표를 찍으려면 어떻게 해야 할까? 무엇보다도 욕망을 통제해야 한다. 욕망을 있는 그대로 놓아두면 사나운 짐승처럼 걷잡을 수 없이 폭발한다. 욕망을 억제하는 사회적 장치인 법·도덕·관습·예절·교육 같은 것이 존재하는 이유이다. 기본적으로 국가 자체가 개개인의 욕망을 억제함으로써 안전을 보장하고 공정과 질서를 유지하기 위해 존재한다.

이런 사회적 장치에 의한 통제뿐 아니라 자발적으로 자기 욕망을 억제하려는 노력도 필요하다. 사회적 강요가 아니라 스스로의 노력에 의한 억제다. 사회의 형벌을 받기 전에 스스로 알아서 지키고, 따르고, 고치는 게 낫다. 외부 장치는 그리 효과적이지 않고, 처벌이 약하거나 감시가 없으면 쉽게 무력화된다. 그래서 사회인들의 이해와 자발적인 억제가 있어야 하는 것이다.

욕망을 잘 통제하면 대상을 얻거나 목표를 이루기 위해 최선을 다하면서도 적당히 쉴 수 있다. 욕망을 어느 정도 충족시키면서도 적절히 쉬어가며 건강을 유지할 수 있다. 쉼, 안식의 과제를 이루는 데 있어서 무엇보다 욕망의 통제가 필요하다.

욕망을 조절하라: 강도, 속도, 방향

그렇다면 욕망을 통제한다는 것은 무엇일까? 어떻게 가능할까? 세 가지 측면에서 생각해볼 수 있다. 욕망의 강도와 속도, 방향이다. 물론 이 셋은 서로 떼려야 뗄 수 없이 연관되어 있는 문제이긴 하다.

먼저 욕망의 강도를 생각해보자. 강한 건 통제하기 어렵다. 강도는 양이 많을 때 높아진다. 그래서 욕망을 통제하는 것은 양을 줄이고 세기를 약화시키는 것이다. 다른 말로 하면 욕망의 절제다. 무언가 이루겠다는 욕망을 줄여야 여유가 생기고 자유로울 수 있다. 그런 만큼 시간이 나서 쉴 수도 있고 놀 수도 있다. 욕망을 줄인다고 목표를 달성하지 못하거나 성공할 수 없는 건 아니다. 오히려 충분한 쉼과 여가를 가지는 가운데 체력과 의욕을 회복하면 훨씬 더 수월하게 목표를 달성할 수 있다.

욕망의 속도 또한 통제해야 한다. 욕망은 자칫 과속하고 과

열될 수 있다. 과속은 성공이나 성취에 해를 끼칠 가능성이 크다. 일시적으로는 목표 달성에 도움이 될 수 있을지도 모르지만, 계속 유지해나가기 어렵다. 욕망에도 총량의 법칙이 있을지 모르겠지만, 단번에 쏟아놓기보다는 적절하게 조절하면서 오래 풀어놓는 게 결국은 성공으로 가는 길이다. 자기 자신에게 좋은 결과를 가져오게끔 욕망의 속도를 조절해야 한다. 천천히 차근차근 이뤄가는 속도 조절과 힘의 적절한 배분이 성공과 성취, 욕망의 충족을 약속한다.

끝으로 욕망의 방향이다. 주로 사회적 차원에서 이야기되지만, 결국 개인에게도 요구된다는 점에서 일맥상통한다. 욕망은 사회적으로 용인되는 방식으로, 사회가 옳다고 인정하는 방향으로 추구되어야 한다. 욕망의 방향이 잘못되면 불법과 탈법, 편법도 불사해 개인적으로나 사회적으로 문제를 일으키는 경우가 생긴다. 그렇게 얻은 성공이나 부와 권력은 바람직하지도 않고 오래가지도 않는다. 부메랑처럼 불명예와 해로 돌아올 수 있다. 따라서 사회적으로 용인되는 방식으로, 사회가 옳다고 인정하는 방향으로 자신의 욕망을 구현하도록 노력해야 한다.

물론 법이나 도덕 같은 사회적 장치가 완벽하지 않을 수 있다. 시대의 변화와 개인들의 요구에 뒤처져 때로는 억압적일 수도 있다. 정당하고 합법적인 과정과 절차를 통해 개선해야겠지만, 그렇지 않은 경우라 할지라도 가급적 기존의 사회적 합의의 결과에 맞추고 그 안에서 실현하고자 해야 한다.

　노동과 관련해서도 마찬가지이다. 개인의 성취욕이 아무리 강해도 사회가 정한 노동시간 안에서 노동하는 것이 중요하다. 링 위에 오른 복싱 선수들에게는 똑같은 시간이 주어진다. 종이 쳤는데도 주먹을 휘두르면 제재를 받는다. 노동시간은 경기시간과 같다고 할 수 있다. 가급적 노동시간을 지키는 게 자신의 쉼과 건강뿐만 아니라, 다른 사람들과의 공정한 경쟁을 위해서도 바람직하다. 너도 좋고 나도 좋은 게 좋은 거지 나만 좋은 건 좋은 게 아니다. 우리가 모두 그렇게 생각하면서 노동시간을 잘 지키면, 편안한 마음으로 쉴 때는 쉬고 일할 때는 일하는 사회가 된다. 법정 노동시간만 지켜도 충분히 성공하고 욕망을 충족시킬 수 있는 사회가 되면 좋지 않은가. 법정 노동시간을 넘겨 일을 하지 않는다는 공감대 또는 사회적 약속이 있어야 하고, 모두가 그런 마음으로 사는 것이 사회풍토이자 문화가 되어야 한다.

"나의 겹핍을
어떻게
채울 것인가"

█ 관계를 파괴하는 욕망,
█ 관계를 살리는 욕망

교만이라는 위험한 욕망

말이 많다는 건 그만큼 문제가 많다는 뜻이다. 어렵고 복잡한 문제일수록 그것을 칭하는 말도 많다. 욕망이 단적인 예다. 야망, 열망, 갈망, 욕심, 탐욕 등 비슷한 의미를 지닌 말이 많다. 식욕, 색욕, 정욕, 육욕, 욕정, 물욕, 권력욕, 명예욕 등 욕망의 대상을 구체적으로 드러낸 단어 또한 다양하다.

신^神은 물론이고 인간의 본성에 관해 오래 성찰해온 신학에서도 욕망을 다양하게 표현한다.[1] 옛 신학자들의 말과 글에는 요즘 우리가 쓰는 표현이 다 나오고 있을뿐더러, 아주 특징적인 용어로 '콘쿠피센티아concupiscentia'라는 것도 있다. 욕망·사욕·정욕 등으로 번역되지만, 인간의 죄성罪性과 관계된 무제약적인 욕망이라는 뜻을 내포하고 있다. 통제되지 않고 제한 없이, 무분별하게 발산되는 욕망이다.

구약성서의 〈창세기〉에는 뱀의 유혹에 넘어가 신을 거역하고 타락하게 된 아담과 하와 이야기가 나온다. 신학자들은 첫 사람들, 아담과 하와가 선악과를 따먹은 행위에서 '죄'의 본질을 찾기도 했다. 신에 대한 불신앙·불순종이라고도 하고, 신과 같이 되려고 했다는 점에서 교만hubris 또는 콘쿠피센티아, 무제약적 욕망이라고도 한다. 인간이 신처럼, 다시 말해서 '무한하게' 높아지려는 마음으로 그 분출이자 작용이다.

선악과를 따먹은 아담과 하와는 신의 징벌이 두려워 수풀 가운데로 피신했다. 그러나 신은 그들을 찾아내 심문했다. 그때 아담은 벌을 면하고자 하와 탓을 했다. 심지어 "하나님이 만들어서 같이 살게 한 여자가 줘서 먹었다"고 말함으로써, 일정 부분 신에게도 책임을 돌렸다. 하와는 뱀 탓을 했다. 이에 진노한 신은 셋 모두에게 벌을 내렸고, 에덴동산에서 추방해 거친 환경에서 힘들게 살아가게 했다.

널리 알려진 이야기지만, 이 이야기에는 깊은 의미가 숨어 있다. 인간의 제한 없는 욕망, 절대자가 되려는 욕망은 관계를 파괴한다는 점이다. 그 욕망이 절대자인 신과의 관계를 파괴하고 신의 저주를 사게 되었으며, 그 결과 사람들 사이의 관계도 다 끊어져서 서로 미워하고, 갈등하고, 분쟁하며 살게 되었다는 것이다.

본질적으로 자기밖에 모르고, 자기가 최고이자 중심이고 전부라는 교만, 또는 그렇게 되려는 과도한 욕망은 다른 모든 사람들과의 관계를 망치며, 더 넓게는 사회와 인류 전체를 불행하게 한다. 가족이나 친구 관계도 마찬가지이다. 어느 한 사람이 과도한 욕망을 가지면 관계가 편할 리 없다. 그런 자기중심적인 욕망, 무한하게 상승하고 팽창하고 소유하려는 욕망은 결국 자기 자신도 파괴한다. 역사에서 흔히 볼 수 있듯이, 절대 권력을 추구했던 사람들이 얼마나 광적이었는가? 끝없이 의심하고, 불안해하고, 탐닉하고, 사치하고, 집착하고, 또 잔인하기도 했다. 그들의 말로는 하나같이 불행하고 불운했다.

▲

알브레히트 뒤러의 〈아담과 이브〉(1504)

상단부 우측 모서리에 작게 그려진 절벽 위의 양은
위태로운 아담과 이브의 운명을 상징하고 있다.

남들을 해치지 않는 선에서 욕망하라

무제약적인 욕망은 다른 사람은 물론 자기 자신도 가만히 두지 못한다. 목표를 이루기 위해 계속 독려하고 한계상황으로 몰아넣는다. 남들이 편한 꼴을 보지 못하는 것처럼 자기 자신이 편한 것도 보지 못한다. 자기 자신을 혹사시키고 파괴하기까지 한다. 자기 안에 심각한 균열, 분열이 생긴 것이다. 일종의 자기 학대이고 자기 파괴이지만, 자신과의 관계 파괴라고도 할 수 있다.

욕망은 다른 사람들과의 관계를 파괴할 운명을, 또는 위험을 내포하고 있다. 아이들은 평소 거들떠보지도 않던 자기 장난감을 다른 아이가 가지고 놀려고 하면 갑자기 그 장난감을 소중하게 여기며 지키려고 한다. 욕망은 내가 탐내기 때문이기도 하지만, 같은 것을 다른 사람이 탐내거나 소유하려 할 때 발생한다. 그래서 욕망은 다른 사람들과 부딪히게 만들고, 관계를 힘들고 위험하게 한다. 자기 만족을 위해 발동되는 욕망이 다른 사람과의 관계를 해침으로써 부메랑처럼 돌아와 불행과 불만, 불안의 원인이 되는 것이다.

또한 욕망은 내가 갖고 있지 않은 것, 결핍된 것을 대상으로 한다. 주변에 널려 있고 손쉽게 가질 수 있는 것은 욕망의 대상이 되지 않는다. 희소성이 있고, 손에 넣기 어려운 것이어야 한다. 돈, 권력, 명예 같은 것이 그렇다. 나한테 없고 다른 사람들도 없다. 그러니 누구나 탐을 내는 욕망의 대상이다. 내가 욕망하는 걸 다른 사람들도 욕망하니 수단과 방법을 가리지 않고 경쟁하고 싸운다. 그렇게 인간관계가 파괴된다.

자신의 욕망을 생각한다면, 채우는 데 급급하기보다는 오히려 상대와의 관계를 생각하고, 관계를 유리하게 하는 것이 낫다. 직접적이고 즉각적인 욕망 충족은 상대가 있기 때문에 쉽지도 않고, 바람직하지도 않다. 욕망을 간접적이고 우회적으로 추구하는 게 바람직한 방법이다. 내가 사회적 관계의 빚을 지고 있다는 사실을 인정하고 그 안에서 자성自省하며 관계를 좋게 끌고 가는 방식으로 욕망을 추구하는 것이다. 가깝고 먼 관계들을 해치지 않는 방향으로 가야 한다. 경쟁을 해도 선의로, 규칙을 준수하는 게 필요하고 또 중요하다.

욕망은 쉼과 직결되어 있는 중요한 문제이다. 사람들의 쉼을 저해하는 것이 욕망이다. 그래서 욕망을 다양한 방식으로 통제하고 다스리는 것이 쉼으로 나아가는 디딤돌이 된다. 무엇보다 사람들 사이의 관계가 좋아야 한다. 주변 관계가 위태롭거나 나쁘면 마음 놓고 쉴 수 없다. 상대가 어떻게 나올지 모르기 때문에 한시라도 방심할 수 없고 주의를 게을리할 수 없다. 긴장을 풀 수 없는 상태가 지속된다. 결국 쉼도 좋은 관계 속에서 가능한 것이다.

쉼은 근본적으로 좋은 관계에서 비롯된다. 좋은 관계는 좋은 사회를 만들어간다. 좋은 사회는 욕망을 관계 속에서 잘 표현하는 사람들과 그들의 행위를 통해 이루어진다. 좋은 사회에서 다시 좋은 사람들이 나오고, 그들이 좋은 삶의 방식과 더 나아가 좋은 법률과 제도를 만든다. 그랬을 때 우리가 좋은 관계들 속에서 마음 편히 쉴 수 있게 되는 것이다.

"나를 완전히 만족시켜주는 것은 없다"

▌모든 신격화된 것들로부터의 자유

유일신 신앙에서 절대적인 것은 없다

유일신교에서 '신이 오직 하나'라는 말은 이 세상에 신이 존재하지 않는다는 뜻이다.[2] 따라서 세상에 속한 어떤 것도 신으로 모실 수 없다. 즉 어떤 자연물이나 인공물뿐만 아니라 사람, 체제, 이념 같은 것은 완전하지도, 절대적이지도, 전능하지도 않다! 물론 탁월하고 훌륭한 가치를 가졌을 수도 있지만 상대적일뿐 절대적이지는 않다. 그래서 신격화할 수 없다, 신격화하지 말라, 그것이 유일신만을 섬기라는 계명의 뜻이다.

　이런 믿음은 사실 꽤 쓸 만한 것이기도 하다. 잘 알려져 있지는 않지만 16~17세기 서양에서 절대주의 왕정에 저항하며 시민적 자유를 바탕으로 한 민주주의 공화정을 시도했던 혁명들이 있다. 프랑스, 네덜란드, 잉글랜드, 스코틀랜드 그리고 뉴잉글랜드의 프로테스탄트 혁명이다. 이 혁명들의 토대가 바로 유일신 신앙이었다. 군부독재 정권에 맞서 투쟁했던 한국 기독교의 대의 중 하나도 그러했다. 오직 신만이 전능하고 절대적일 뿐, 지상의 모든 권력자는 그분의 뜻을 따라 일시적으로 통치하는 '종'에 불과하다는 믿음이다. 그래서 절대 권력을 추구하며 시민들의 자유를 억압했던 독재자를 상대로 목숨까지 걸고 맞설 수 있었던 것이다.

　이런 믿음을 가진 기독교는 전제주의와 양립할 수 없다. 즉 유일신 신앙을 바탕으로 절대주의나 전체주의, 독재 정권에 '절대적으로' 반대했고 또 지금도 반대한다는 것이다. 권력자는 자기 권력에 도취하지 말라, 자기 권력을 절대화하지 말라, 자기에게 아첨하는 사람들만 가까이 하지 말라, 자기를 상대화하거나 비판하는 사람들을 탄압하지 말라, 당신은 신이 아니다… 이 말들을 뒤집어보면 '자유'의 문제로 귀착된다. 권력으로부터의 자유, 우리가 절대적이라고 생각했던 것들로부터의 자유이다.

　권력자는 비록 자신이 권력을 잡았다 해도 그로부터 자유로 워야 한다. 권력의 한계를 알아서 스스로 제한하는 것도, 국태 민안國泰民安을 위한 도구로 사용하는 것도 모두 권력으로부터의 자유가 있을 때 가능한 일이다. 권력을 갖지 않은 국민들의 입 장에서도 그렇다. 권력을 흠모하고 숭상하는 분위기에서는 권 력이 무엇인지, 어때야 하는지를 파악하기 어렵다. 권력자가 횡 포를 부려도 그게 왜 그릇된 일인지 알지 못한다. 권력으로부터 거리를 두는 자유가 권력이 무엇인지를 냉정하게 생각하고 알 게 하며, 권력의 탈선에 대해서도 항거하고 바로잡게 한다.

　권력만이 아니다. 자유는 그 어떤 것에든 해당된다. 절대적 이라고 생각하면서 매달렸던 것이 있다면, 바로 그것으로부터 자유로워져야 한다. 그게 없으면 못 살겠다고 하면서 앞뒤 돌아 보지 않고 오직 그것만을 향해 달려왔던 것으로부터의 자유이 다. 그 대상은 사물이 아니라 사람이거나 이념 같은 추상적인 것일 수도 있다.

▲
히에로니무스 프랑켄 2세의 〈재물과 구두쇠의 죽음〉(1600)

중앙에 크게 그려져 신성시되고 있는 재물에 비해
악마에게 끌려가는 사람은 터무니없이 작게 그려져 있다.

절대적 욕망으로부터의 자유

다른 말로 하자면 우리가 욕망했던 것들로부터의 자유이다. 우리가 욕망했던 것의 '비신성화非神聖化'이다. 우리는 어떤 대상을 욕망한다. 그것이 무엇이든 '신'은 아니다. 절대적인 것도, 완전한 것도 아니다. 우리가 절대적이라고 생각할 수는 있지만 실제로는 그렇지 않다. 비신성화는 신격화되고 신화화된 것들을 제자리로 돌려놓는 일인데, 신성화된 대상으로부터 거리를 취하고 냉정하게 객관적으로 바라볼 때 가능하다.

자본주의 사회를 살아가는 사람들이 가장 신성시하는 것은 무엇일까? 두말할 것 없이 돈이다. 돈이 절대적이고, 모든 걸 돈으로 평가하며, 돈을 얻으면 세상을 얻은 것 같고, 돈을 잃으면 세상을 잃은 것 같다. 돈이면 안 되는 게 없다고 믿는다. 돈만 있으면 다 해결된다고 믿어서 돈을 얻기 위해 수단과 방법을 가리지 않고 무슨 일이든 다 한다. 돈의 절대화이자 신성화이다. 돈이 여러모로 유익하고 좋은 건 사실이다. 하지만 냉정하게 생각해보자. 돈이 전부일까? 돈이 모든 걸 충족시켜줄 수 있을까? 돈이 모든 걸 정당화할 수 있을까?

욕망하는 대상을 신성화하고 신처럼 절대화하면 그것의 '종'

이 될 수 있다. 돈의 노예라는 말이 있지 않은가? 돈이 주인이 되면서 거꾸로 내가 종이 된다. 내가 돈을 지배하고 통제해야 하는데 돈이 나를 지배하고 통제한다. 결국 돈을 위해 죽자사자 달려가게 된다. 돈이 거대한 존재가 되어 괴력을 발휘하고, 우리는 그 앞에서 한없이 초라해진다.

소유하고 싶어 하는 간절한 마음이 탐내는 대상을 실제보다 더 크고 눈부시게 만들 수 있다. 간절히 바라는 것은 이상적으로 보이기 때문이다. 그러나 세상의 그 무엇이 완전할까? 세상에 신이란 건 없고, 그 어떤 것도 절대적이거나 완전하지 않다. 따라서 무비판적인 추종이나 선망도 옳지 않다. 사람들이 신을 추구하고 신과의 교류, 심지어는 합일까지 꿈꾸는 것은 신성화한 존재가 완전한 기쁨과 만족을 주리라는 기대를 하기 때문이다. 그런데 세상에 신이 없다는 것은 자신의 욕망을 완전하게 채워줄 존재가 없다는 뜻이다. 이 세상의 그 무엇이 나의 욕망을 충족시켜줄 수 있을까! 내 욕망을 충족시켜준다고 믿었던 것들로부터 우리는 얼마나 많이 실망하고 때로는 배신감마저 느꼈던가. 절대적인 충족, 절대적인 만족이란 신기루 같은 것일 뿐이다. 있다고 생각하면 불행해질 수 있다. 절대적인 만족을 구하기 위해 끝도 없이 달려 한시도 쉴 수 없는 상태가 되기 때문이다. 쉴 수 없다면 얼마나 피곤할까. 멈출 수 없다면 얼마나 고단하고 고통스러울까. 그런 상태에는 자유가 없고, 해방은 물론 평화도 없다.

욕망의 완전한 충족이란 없다

돈 외에도 욕망의 대상이 되는 것은 많다. 권력이 그렇고, 인간 관계에도 욕망이 작동한다.

욕망에 대한 설명을 가장 그럴듯하게 한 학문으로 정신분석학을 들 수 있다. 프로이트는 아기와 어머니라는 최초의 관계를 생존에 필요한 수유와 양육 이상으로 성적인 자극과 충족을 요구하는 '성관계'로 파악했다.[3] 아기는 엄마와 몸을 접하면서 만족감과 쾌감을 반복적으로 경험한다. 예를 들어 아기는 엄마의 젖을 빨면서 맛을 보고 배만 채우는 게 아니라 기분 좋은 입안의 쾌감도 음미한다. 아기가 배불러도 엄마의 젖을 놓으려 하지 않는 것도, 공갈젖꼭지를 입에 무는 것도, 손가락이나 발가락을 빠는 것도 이 때문이다.

그렇게 발달한 감각은 심리적이고 정서적인 만족과 안정까지 포함한, 대상에 대한 욕망으로 발전한다. 최초의 대상이 엄마이다. 아기가 조금 더 커서 서너 살 남짓 되면 다소 복잡하고 어려운 오이디푸스라는 시기를 거치는데, 이 시기를 잘 지나면, 아이는 엄마(또는 아빠)라는 근친상간적 대상을 포기하고, 이를 대체할 새로운 대상을 찾아 나선다. 즉 아이들은 잃어버린 최초의 대상, 가장 따뜻하고 편안했으며 기분 좋음의 원형을 만들어 주었던 대상을 대신해줄 새로운 대상을 욕망하고 추구한다.[4]

그렇게 찾은 새로운 대상으로부터 충족감과 쾌감, 기쁨을 느낀다. 그러나 최초의 대상이 주던 만족과 다르거나 그에 미치지 못하기 때문에 얼마 안 가 실망하게 되고 다른 대상, 더 많은 대상을 찾는 길에 들어선다. 인생이란 어쩌면 그 최초의 만족과 기쁨을 끊임없이 찾아가는 과정이라고 할 수 있다.

프로이트의 정신분석학이 설명한 욕망에 비추어볼 때, 욕망을 완전히 충족시켜줄 대상은 없다는 것, 그래서 자기 욕망이 완전히 채워지지 않는다는 것을 인정할 필요가 있다. 물론 욕망이 채워지지 않는다고 해서 채우려 하지 말라는 게 아니다. 단지 다 채울 수 없다는 건 알고 채우라는 것이다. 또한 완전한 대상이 없다고 해서 찾지 말라는 게 아니다. 찾은 대상이 완전하지 않다고 너무 실망하거나 좌절하지는 말라는 뜻이다. 욕망의 성질이 그러하니 대상에 대해 적당히 만족할 줄도, 포기하고 다른 대상을 찾을 줄도 알라는 것이다. 그 어느 대상도 이제는 아주 오래전의 기억 속에서만, 게다가 무의식적으로 존재할 뿐인 '잃어버린 엄마'를 느끼게 해주지는 못한다.

노스탤지어 속의 어머니를 대체할 대상은 사람에 국한되지는 않는다. 돈, 권력, 명예, 일, 혹은 국가일 수도 있다. 자기 직업과 일을 사랑해서 모든 시간과 정력을 다 바치고, 학문을 추구하거나 음악이나 미술을 사랑하는 것 역시 마찬가지이다. 무엇이든 욕망의 대상이 될 수 있으며, 거기서 만족과 기쁨을 추구한다. 그러나 그 무엇도 욕망을 완전히 충족시켜주지는 못한다. 완전한 것도 절대적인 것도 없다는 것을 인정하고, 욕망의 대상을 향한 과도한 집착에서 자유로워질 때 비로소 내 삶에 안식과 평화가 찾아든다.

"엄습하는
불안에서
벗어나는 법"

**개인의 실패를
서로 떠안는 공동체**

인류의 유전자에 새겨진 불안

욕망뿐 아니라 불안도 쉼을 방해한다. 사람은 불안에 휩싸이면 안절부절못하고 분주해지거나 부산스러워진다. 불안한 상태에서 벗어나려고 무언가에 몰두해보지만 쉽지 않다.

불안은 인간의 마음속에서 일어나는 복잡한 현상이고 작용이라 그 면모를 파악하기가 쉽지 않다. 불안에 관해 본격적으로 성찰한 철학자 쇠렌 키르케고르^{Søren Kierkegaard}의《불안의 개념》

을 봐도 그 내용이 얼마나 많고 복잡한지 읽다가 맥락을 놓치는 일을 거듭할 정도이다. 그렇기는 해도 불안은 우리 안에서 작용하면서 삶의 수많은 요소에 영향을 미치고, 우리 삶을 특징짓고 결정하기도 하는 엄연한 실체이다.

가장 기본적인 불안을 생각해보자. 인간만 불안을 느끼는 건 아니다. 동물들도 —아마 식물도— 불안을 느낀다. 낯선 환경이나 존재와 마주치거나 위험이 감지될 때 불안을 느껴 경계하거나 도망치며 반대로 맹렬하게 공격하기도 한다. 사람도 그렇지 않은가. 어두운 골목길을 혼자 걸을 때나 험악한 표정을 지은 사람이 다가올 때는 불안감을 느끼고 자기도 모르게 움츠러든다. 이렇듯 불안은 안전과 생존에 도움이 되는 심리적 장치로 모든 동물이 자연스럽게 느끼는 감정이다.[5]

인류는 오랫동안 기근과 식량 부족에 시달렸다. 기근과 식량 문제가 해결된 것은 과학기술이 발전해 녹색혁명을 이룬 20세기 들어서였다. 수십만 년 이상 생존의 위협을 느끼며 삶과 죽음의 경계를 걸어온 인류는 일하지 못하고 벌어들이지 못하는 것에 대한 불안감이 유전자 속에 새겨져 있다. 그런 생존 불안은 모든 게 풍요롭고 윤택한 오늘날에도 영향을 미친다. 물론 시절이 좋으면 줄어드는 게 사실이다. 일자리가 많고 임금도 충분히 주어지는 호경기라면 딱히 불안할 일이 없다. 그러나 경기가 나빠지고 일자리가 줄어들면 불안이 고개를 든다. 직장을 잃지는 않을까, 생계가 곤란해지는 건 아닐까 불안해진다.

인간은 비교하는 동물이다. 그래서 상대적 빈곤이 있다. 상대적 박탈감이란 것도 있다. 남들보다 못 가지고 뒤처지는 데서 오는 위기감이다. 이렇게 영영 낙오되고 바닥으로 추락하는 건 아닌가 하는 불안이다. 잘 먹고 따뜻한 침대에 누워서도 그런 불안 때문에 잠 못 이룰 수 있다. 그래서 경제가 발전해도 양극화가 심하면 불안이 작동한다.

불안은 개인이란 개념이 성립하고 개인주의가 발달한 근대 사회 이후 심화되었다. 풍요로운 현대자본주의 사회에서 개인주의는 더욱 강화되어 이제는 모든 걸 개인의 책임으로 돌리는 분위기이고, 능력이나 여건에 따라 개인 간의 소득과 자산의 격차가 심해졌다. '승자독식'이라 할 만한 현대사회에서 불안은 오히려 가중될 뿐이다.

기본적으로 문제 자체를 해결하는 게 방안일 것이다. 가난과 재난, 실직, 실패는 언제나, 누구에게나, 그리고 어느 사회에나 존재한다. 신자유주의 경제 체제에서는 상대적 빈곤, 박탈감, 소외 같은 문제들도 덧붙일 수 있다. 이런 문제들을 풀어가면서 불안을 잠재우는 것이다. 따라서 이 문제를 해결하는 데는 경제가 핵심이다. 생산과 소비를 원활하게 하고 일자리도 늘려야 한다. 실적에 대한 정당한 평가와 보상 체계를 세우고 열심히 하는 만큼 소득을 보장하는 것이다. 그러나 쉽지 않은 일이다. 자본주의의 특성상 한계도 명확하다. 단지 불안의 크기를 조금씩 줄여갈 수 있을 뿐이다. 그래서 이 문제를 뛰어넘을 다른 대안이 필요하다.

개인의 불안을 잠재우는 공동체라는 대안

그 대안은 바로 '공동체'이고, 공동체적 정신과 가치가 잘 반영된 사회이다. 어쩌면 경제보다 더 중요한 게 공동체일지도 모른다. 경제가 아무리 발달해도 지독한 개인주의에서 비롯된 각자도생과 승자독식 사회에서는 개인이 느끼는 불안의 파도를 넘을 방법이 없다. 경제에 공동체 정신이 깃들고 뒷받침이 되어야 소수의 승자가 아닌 생존 불안에 내몰릴 수밖에 없는 다수에게 힘쓰는 경제가 된다. 경제만이 아니라 정치와 사회, 문화 등 모든 면에서 공동체 의식과 가치가 살아 있어야 한다. 그렇게 된다면 개인주의건 자본주의건, 사람들이 크게 불안하지 않고 미래를 기대하며 살 수 있다.

공동체는 하나 공共, 같을 동同, 몸 체體를 쓴다. 하나의 같은 몸이라는 뜻이다. 영어로는 community인데, 라틴어 '함께'라는 cum과 '일치'를 뜻하는 unitas의 합성어이다. 즉 함께 일치를 이룬 상태를 말한다. 사람들이 아무리 많이 있어도 함께 일치를 이루지 못하면 공동체가 아니다. 사람들이 모여 하나를 이루어야 공동체이다.

그런데 공동체는 정말 가능할까? 사람들이 과연 이 일치를 이룰 수 있을까? 사람이라면 누구나 가지고 있는 자기중심성, 이기주의를 고려하면 의문이 생긴다. 실제로 작은 단위의 가족 간에도 일치를 이루지 못하는 현실인데 사회 공동체라는 게 과연 가능하냐는 것이다. 공동체는 사실 현실이 아니고 이상이다. 계속해가야 할 숙제라고 할까.

일치를 이루지 못하는 원인은 많겠지만 서로의 다름과 차이에서 찾을 수 있다. 그러나 어떤 식으로든 극복할 수 있다. 마음이 다르고, 생각이 다르고, 의견이 다르고, 행동거지가 달라도 하나가 될 수 있다. 모두가 크게 하나라고 믿고, 서로 존중하고, 믿어주고, 좋아해줄 때 그렇다. 최소한 가해하거나, 침해하거나, 반칙하거나, 불법을 행하지 않고 공정하고 정직하게 살며 서로를 대하면 하나가 될 수 있다.

한 걸음 더 나가, 모두가 하나 되는 공동체의 길에서 경제적 이고 실질적인 도움을 감수한다는 책임감도 필요하다. 서로가 서로에 대해 지는 책임감이지만, 현실은 사회가 개인들에 대해 부담하는 형태일 것이다. 살다 보면 예기치 않게 혹은 원치 않 게 도움을 받아야 할 일이 생긴다. 혼자서는 도저히 이겨낼 수 없는 역경과 시련이 닥칠 때가 있지 않은가. 그럴 때 다른 사람 과 사회가 기꺼이 그 짐을 받아주고 나누는 것이다. 누가 먼저 그런 상황에 처할지 모르기 때문에 누군가의 불행을 나누고 덜 어주는 게 꼭 그 사람만을 위한 일도 아니다. 결국 개인의 짐을 나누는 사회와 공동체가 되어야 나한테도 좋다. 사회 구성과 인 간 현실에 대한 이해에서 비롯되어도 좋지만, 더 좋은 것은 책 임감, 연민과 우애심, 인간애로 다른 사람의 고통을 자기 것처 럼 공감하고 나누는 것이리라. 그것이 공동체를 향한 지름길이 라고 본다.

개인주의 사회가 지속되는 한 경제적·사회적 실패에 대한 불안은 계속될 것이고 개인들의 약함을 사회가 떠안으려는 시 도는 성공하기 어려울 것이다. 공동체 의식을 가지고 공동체를 이루는 사회여야 사람들이 불안에 떨지 않고 안심하며 살아갈 수 있다. 사회는 개인을 위하고, 개인은 사회를 위할 수 있다. 개인의 자유를 최대한 존중하고 지원하면서도, 그가 실패하고 고통을 겪을 때는 사회가 기본적인 안전을 책임져줄 수 있다. 개인이 실패를 두려워하지 않고 열심히 일하고, 쉴 때는 또 충분히 쉬면서 살 수 있다. 공동체가 세워질 때 가능한 일이다.

양극화로 부익부빈익빈이 심화되며 중산층이 무너지고 있는 우리 사회가 집단적으로 겪고 있는 불안도, 공동체가 세워지고 경제가 보다 인간적·공동체적인 경제로 거듭날 때 해소될 수 있다. 기회가 균등하고 경쟁이 공정한 사회가 되는 것도, 계층 사다리가 끊어지지 않는 것도, 취약계층을 위한 사회 안전망을 마련하는 것도, 실패한 사람들에 대한 사회의 관용과 아량, 실패를 개인의 책임으로만 돌리지 않는 따뜻한 마음도 모두 공동체에서 가능하다. 이것이 자기 자리에서 자기 몫을 하면서도 쉴 때는 또 마음 놓고 쉴 수 있는, 불안을 잠재우는 길이다.

"내가 나를
위하지 않으면,
누가 나를 위할까?"

■ **나를 신뢰함으로
더 많은 쉼을 얻기**

인간의 불안: 정신분석학의 설명

불안은 욕망과 함께 쉼을 어렵게 하는 가장 큰 요인이다. 불안과 욕망은 동전의 양면과 같다. 어느 게 먼저랄 것도 없이 항상 공존한다. 불안해서 욕망하고, 욕망하니까 불안하다. 그래서 욕망이 크면 불안이 크고, 불안이 크면 욕망도 크다.

성경의 에덴 이야기에서 아담과 하와가 선악과를 욕망했던 것도 그렇다. 신은 에덴동산의 모든 식물과 열매를 먹을 수 있게 했으나 선악과만은 금지했다. 이는 인간이 한계를 가진, 신이 아니라 불완전한 인간일 따름이라는 걸 암시한다. 그러나 자신들의 불완전함과 신이 아님에 불안을 느낀 첫 사람들은 선악과를 욕망했다. 다시 말해서 전능하고 완전해지기를 욕망했다. 선악과를 따먹고 눈이 밝아진 아담과 하와는 벌거벗은 걸 깨닫고 몸을 가렸으며, 신의 벌을 받을까 봐 불안해져서 수풀 속에 몸을 숨겼다. 이들은 불안해서 욕망하고, 욕망을 이루니 불안해졌다.

신학이 〈창세기〉의 에덴동산에서 인간 문제의 원형을 찾는다면, 정신분석학에서는 오이디푸스 시기에 일어나는 문제에서 찾는다고 할 수 있다. 특히 불안과 관련해서 정신분석은 이 시기에 아이들이 겪는 거세 불안에 주목한다.[6]

아기가 태어나서 두 살 남짓까지는 엄마의 극진한 보살핌을 받는다. 그때 엄마와의 애착 관계가 형성되는데, 관계의 중심은 아이러니하게도 아기다. 아기는 무력해서 엄마에게 절대의존적일 수밖에 없으나 관계의 중심을 차지한다. 아기는 엄마와의 관계로 형성된 협소한 세상의 왕이다. 그도 그럴 것이 모든 것이 아기를 중심으로 돌아가기 때문이다. 인간이 모든 관계에서 기본적으로 자기중심적인 것은 애초의 관계가 바로 이렇기 때문이라고 본다.

이 애착 관계는 젖을 떼는 것부터 시작해 배변 훈련 등을 거치면서 흔들리고 위기에 빠지기도 하지만 변화를 거듭하며 계속 이어진다. 아이는 구순기, 항문기를 지나고 성기기로 들어가는 과정에서 엄마를 사랑의 대상으로 욕망하게 된다. 엄마를 욕망의 대상으로 삼아 독점적이고 절대적인 관계를 누리려는 것인데, 정신분석은 이를 '주이상스$^{\text{Jouissance/향유}}$ 한다'고 표현한다.

이는 엄마와의 애착 관계가 주는 '쾌^{快}'이고 절대적 만족이지만, 성장하는 과정에서 더 이상 경험하기 힘든 종류의 것이다. 이 주이상스가 모든 인간이 가지고 있는 파라다이스에 대한 꿈을 만들어낸다고 할 수 있다. 파라다이스는 사실 미래에 대한 비전이기보다는 과거에 대한 향수이다. 아이가 자라서 혼자서도 있을 정도가 되면 엄마와의 관계가 위협받는 일이 많아지고, 결국은 상상하지도 못했던 끔찍한 상태로 전락한다. 아빠가 등장해서 엄마와의 사이를 갈라놓기도 하고, 엄마가 복직해 부재 시간이 길어지고, 동생이 생겨서 엄마를 뺏기거나 공유하는 일이 생기는 것이다. 임금이 보좌에서 쫓겨나듯이 아이는 자신이 중심이고 최고였던 자리에서 밀려나는 가슴 아픈 일을 겪는다. 이런 외적인 이유와 함께 아이의 마음에서 일어나는 생각들로 인해 결국 아이 스스로도 엄마를 욕망의 대상으로 삼는 일을 포기하게 된다. 엄마를 더 이상 주이상스할 수 없게 될뿐더러 엄마를 욕망하는 것조차 포기하는 것이다. 엄마와 가족들은 아이의 그런 상실을 이해해서 최대한 따뜻하고 덜 충격적인 방식으로 그 시기를 지나도록 도와줘야 하지만, 근본적인 상처, 그러니까 불안을 해소할 수는 없다.

이 상처를 설명하는 것이 오이디푸스 시기의 '거세^{castration}'이다.[7] 물론 실제가 아니라 상징적인 거세이다. 남녀 아이들이 페니스의 유무 차이에 따라 다른 방식으로 느끼지만, 기본적으로는 엄마와의 분리를 둘러싼 동일한 불안이다. 거세 불안은 아이의 성격에 결정적인 영향을 미쳐서 이후 전개되는 평생의 삶을 특징짓는다. 거세 불안은 사람들이 살면서 반복적으로 다양하게 겪는 분리들에 대한 불안, 즉 분리 불안의 기초이자 원형이 된다는 것이다.

오이디푸스 시기의 거세는 사람들이 자라면서 겪는 과정이다. 자연스러운 성장과정이라 할 수 있다. 아이는 엄마로부터 분리되지 않으면 안 된다. 엄마와의 애착 관계로부터 떨어져 나오지 않으면 주체적이고 자립적인 어른이 되는 건 불가능하기 때문이다.

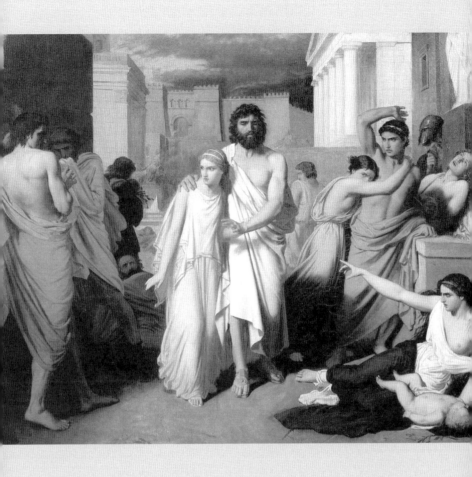

▲
샤를 잘라베르의 〈오이디푸스와 안티고네〉(1842)
오이디푸스는 자신과 결혼한 사람이 어머니였다는 충격적인 사실을 알았음에도
그로 인한 상처와 불안을 감내하고 독립된 삶을 살아내고자 했다.

거세 이후에도 살아가면서 분리를 겪을 수밖에 없고 겪어야만 한다. 자신이 어디에선가 배제되고 버려지는 것을 피할 수 없다. 힘들고 고통스러운 일이라는 건 두말할 나위가 없다. 그럴 때마다 상실의 고통과 스트레스는 이만저만이 아니다. 사랑하는 관계가 사라지거나, 그 관계에서 배제되는 아픔이 크면 클수록 겪게 되는 불안도 크다. 그런 불안이 관계에 더욱 매달리게 하고, 매달리는 만큼 더욱 불안하다.

사람들이 쉬지 못하고 죽어라 일만 하는 데는 이런 종류의 불안이 작용할 수 있다. 불안이 하나의 동력이 되어 일을 더 잘하고 더 많은 성과를 낼 수 있는 것도 사실이다. 회사 입장에서는 그렇게라도 해서 실적을 많이 내주는 직원이 고맙고 좋을 수 있다. 굳이 채찍질하지 않아도 열심히 해주니 얼마나 고마울까. 그러나 그 사람은 자신을 돌아볼 필요가 있다. 일을 좋아하고 보람을 느껴서 하는 것인지, 나와 회사가 잘되기를 바라서 즐거운 마음으로 하는 것인지, 아니면 회사로부터 배제될지 모른다는 불안감에서 매달리고 있는 것인지 말이다.

분리는 성장을 위한 필수 단계

　내가 회사를 위해 존재하는 것은 아니다. 나라는 개인과 회사는 서로 필요에 의해 계약을 맺은 관계일 뿐이다. 내가 잘하든 못하든 때가 되면 관계는 정리된다. 그러니 좀 더 당당할 필요가 있다. 나와 회사를 동일시할 필요도, 나와 회사의 관계에 집착할 필요도 없이 나 자신을 찾아야 한다고 할까. 일은 일일 뿐이다. 일을 함으로써 수입을 얻고 성취감과 사회에 기여한다는 보람도 느끼지만, 일은 나 자신과 삶의 전부가 아니다. 일과 관계없이 '나는 나'일 수 있고, 일의 결과가 곧 나를 대표하지 않는다. 일 때문에 내가 받아들여지거나 버려질 수 있지만 취업이나 직장에 국한된 이야기일뿐 그 자체에 너무 연연할 필요는 없다. 나는 일보다 훨씬 큰 존재이며 일에 국한되지 않는 다른 능력을 많이 가지고 있다. 무엇보다 나는 나 자신, 그 자체로서 인정받을 존재이다. 나는 다른 사람의 인정을 받지 못해도 나이며, 다른 사람으로부터 버려져도 나로 존재한다. 이런 자신감이 나를 자유롭고 주체적인 사람으로 살아가게 한다. 그리고 다른 사람들과 맺는 관계를, 일과 맺는 관계를 더욱 창의적이고 건강하게 한다. 쉬어야 할 때나 쉬고 싶을 때 언제든 마음 편히 쉴 수 있는 것도 이런 자신감에서 나온다.

분리를 너무 두려워할 필요는 없다. 배제도 그렇다. 오이디 푸스 시기에 아무런 예고나 전례 없이 '거세'되는 일을 겪으면서 분리와 배제에 대한 불안이 자리 잡았을 수 있다. 그러나 분리는 어쩔 수 없이 일어나는 일이고, 한편으로는 새로운 단계로 들어가는 출발점이기도 하다. 더 성장하고 성숙해지기 위한 통과의례라고 할까. 이를 잘 이해하고 편안하게 받아들이는 의연함 같은 것이 필요하다. 분리에 대한 불안이나 두려움을 이성적으로 잘 이겨내는 길이다.

분리를 두려워하면 '저자세'가 될 위험이 있다. 상대를 존중하고 배려하는 것은 좋지만, 관계가 틀어질까 봐 양보하고 눈치 보며 살 수 있다. 직장에서도 마찬가지이다. 직장 구하기가 어렵기 때문에 직장에 충실하고 열심히 하는 건 당연하지만, 지나치게 저자세일 필요는 없다. 시간은 물론이거니와 온몸을 바쳐서 충성하면서도 내 할 말도 제대로 할 수 없는 직장 생활을 하고 있다면 자기 자신을 잃어버린 건 아닌지 진지하게 성찰해야 한다.

회사에서 인정받지 못할까 봐 불안해서 일에 매달리는 것은 좋은 자세가 아니다. 상사에게 외면받을까 봐 두려워서 일하는 것도 그렇다. 일보다 더 중요한 것이 나 자신이다. 일을 잘하지 못해도, 돈을 많이 벌지 못해도, 승진을 하지 못해도 나는 나 그 자체로서 인정받을 만하고 존중받을 존재라고 믿어야 한다. 누군가에게 나를 인정해달라고 간청하기에 앞서 내가 스스로 나자신을 인정하고 받아들여야 한다.

'나를 대신하여 죽었다'는 말의 의미

유대교 랍비 힐렐Hillel은 "내가 나를 위하지 않으면 누가 나를 위할까?"라고 했다. 내가 나 자신을 그 자체로 인정하고 받아들이지 않으면서 누가 나를 그렇게 대해주기를 바랄 수 있느냐는 이야기이다.

기독교의 성서도 비슷한 이야기를 전하고 있다. 성서는 신이 인간을 '신의 형상'으로 창조했다고 말한다. 신의 형상이란 고대세계에서 제왕들을 부르던 용어이다. 인간은 그 자체로 제왕처럼 존엄하고 고귀하다는 뜻이다. 고대세계에서 사람은 소모품처럼 사용되고 버려지는 일이 흔하디흔했다. 특히 대다수 평민과 노예들은 절대군주의 대규모 토목·건축 공사, 전쟁에 동원되어 평생을 혹사당하다가 죽었다. 전부 군주와 소수 지배층의 권력과 영토 확장, 호사스런 생활을 위한 일이었다. 사람이 그렇게 부려지고 버려지던 시대에, 사람이 '신의 형상'이라고 선언한 성서의 메시지를 되짚어봐야 한다.

기독교에서 말하는 한 가지가 더 있다. 예수가 사람들을 위해서 십자가에서 못 박혀 죽었다는 이야기이다. 기독교에서 예수는 신이면서 신의 아들이라고 하지 않는가. 신이자 신의 아들이 사람을 위해서 죽었다는 말은 무슨 뜻일까? 사람을 그만큼 귀하게 여기고 목적으로 삼았다는 뜻이다. 사람을 사랑해서, 사람을 자기 목숨을 바치면서까지 사랑하고 위해주었다는 뜻이다. 사람이란 그런 존재이다. 신이 자기 아들의 목숨을 내주면서까지 사랑하고 위해줄 만한 존재이다. 자기 목숨보다 더 중한 게 자식 목숨이다. 신은 자식을 내줄 만큼 사람을 사랑하고 인정했다는 것이다. 여기서 말하는 사람은 추상적이거나 교리적인 개념의 존재가 아니라 구체적인 실체로서 우리들이고 곧 나 자신이다. 신이 자식을 희생시켜 나를 살렸다는 이야기는 그만큼 내가 소중하고 고귀한 존재라는 뜻이다. 그런데 사실 우리는 자기 자신을 그렇게 소중히 여기지 않는다. 자기가 자기를 알아보지 않는 것이다.

▲
폴 고갱의 〈황색의 그리스도〉(1889)
골고다 언덕이라는 역사적 무대를 넘어
작가가 속한 현장(프랑스 브르타뉴의 어느 시골 마을)에서
예수의 십자가 고난이 표현되어 있다.

내가 나를 인정하지 않을 이유가 없다. 자신감을 갖지 않을 이유가 없다. 남들의 시선과 평가에 연연할 필요도 없다. 내가 도덕적으로 흠결이 있고, 인격적으로 문제가 있고, 신체나 정신에 장애가 있어도 마찬가지이다. 신은 그런 걸 따지지 않고 죄인들을 사랑해서 그들을 위해 죽었다고 한다. 기독교에서는 모든 사람을 '죄인'이라고 하는데, 다른 말로 모든 사람이 빠짐없이 신의 사랑의 대상이라는 뜻이다. 신이 그렇게 사랑하고 인정해준 나 자신을 내가 인정하지 않을 까닭이 없다.

나는 나다. 벌지 못할까 봐, 성공하지 못할까 봐, 해고되지 않을까, 버려지지 않을까 불안해하지 않아도 된다. 그런 것들과 관계없이 나는 나고, 나일 수 있다. 마음 놓고 하는 쉼과 안식도 '나'로 있어야 할 수 있다.

"나는 나를 둘러싼 명령에서 자유로운가?"

초자아에서 자아로 중심의 이동

부모의 명령으로부터 비롯된 초자아

일중독에 빠지게 하는 불안은, 아직 내 안에 남아 있는 '부모의 목소리'에서 비롯되기도 한다. 부모라고 했지만 나를 둘러싼 모든 관계, 그러니까 사회의 목소리이기도 하다. 부모는 공부 잘할 것을 요구하고, 좋은 대학과 좋은 직장에 보내기 위해 온갖 노력을 다 기울였다. 그런 부모의 요구와 더불어 잘했을 때는 '보상', 못했을 때는 '처벌'이라는 교차가 오래 반복되면 자기도 모르는 사이에 부모의 명령이 체화되어 스스로에게 강요하는 소리가 된다. 성인이 되었어도 그 소리는 여전하다. 일을 못했을 경우, 어렸을 적 '처벌'에 대한 불안이 재생되어 스스로 책망하고 비난하기도 한다. 말하자면 초자아가 야기하는 불안이다. 이 내면의 소리가 야기하는 불안 덕에 쉼 없이 일을 하게 되는 것이다.

사실 초자아 문제는 그리 간단하지 않다. 초자아는 사람들에게 도덕의식과 양심을 갖게 하고 기존 사회의 법과 문화를 이어가게 하는 훌륭한 역할을 하지만, 어떤 사람들에게는 폭군적이어서 살인이나 자살, 파괴, 전쟁 등을 일으키는 절대적 주이상스의 욕망을 가동시키기도 한다.[8] 일종의 병리적인 초자아라 할 수 있는데, 정신분석은 바로 이를 문제 삼는다.

초기에 프로이트는 사람의 성격 구조를 무의식·전의식·의식으로 파악했으나(1차 위상), 1920년대부터는 이드·자아·초자아라는 개념을 도입해서 설명했다(2차 위상).[9] 초자아는 오이디푸스 시기가 끝나갈 무렵 아이들에게 근친상간의 욕망을 금지하는 부모의 법을 내면화하면서 자아 속에 자리 잡은 부분이다.

오이디푸스 시기 근친상간의 금지는 아이의 자아 속에서 점차 도덕적이고 사회적인 요구들로 확장된다. 기존의 도덕이나 이상을 대리하면서 자아의 욕망에 작용하는 초자아가 형성되는 것이다. 초자아로서 부모의 법·금지에 동화된 아이는 이제 스스로 욕망을 제한하고 기성사회와 문화의 명령을 잘 따르고 수행하는 선량한 사람이 될 것이다. 그런 점에서 초자아는 세대에서 세대로 이어지는 문화의 전달자이며,[10] 덕분에 한 가족만이 아니라 사회 전체가 연속성을 가지고 역사를 이어갈 수 있다.

그러나 자아가 가지고 있는 욕망이 초자아로 인해 소멸되는 것은 아니다. 초자아가 금하는 것은 욕망 자체가 아니라 욕망이 추구하는 절대적 주이상스이다. 그래서 자아에는 더 깊게는 이드로부터 오는 욕망이 활동하는 동시에 부모의 법으로 대표되는 금지나 도덕의 언어도 살아서 작용한다. 자아는 둘로 나뉘지 않고 한 부분에서는 계속 욕망하고 다른 부분에서는 동일시된, 금지하는 부모가 있다. 이 두 번째 부분이 초자아인 것이다.[11]

폭군적 초자아의 정체

도덕적 초자아와 달리, 길들여지지 않는 폭군적 초자아도 있다. 폭군적 초자아는 사회의 도덕과 이상이 아니라 절대적인 주이상스 그 자체를 명령한다. 그 명령이 주체의 가장 소중한 것을 잃게 만들더라도, 주체는 자기도 모르게 그의 명령에 압도되어 따른다. 그 초자아는 인간의 고통과 이해할 수 없는 사건들, 살인이나 자살, 파괴행위, 전쟁 같은 것도 일으킬 수 있다.[12]

　폭군적 초자아의 특징은 과도함에 있다. 주체를 과도하게 금지하고, 과도하게 선동하며, 과도한 보호로써 억제한다. 일반적으로 근친상간 금지로부터 비롯된 도덕의식과 양심의 초자아와 달리 폭군적 초자아는 완전한 주이상스의 매력으로 자아를 유혹하는 변질된 무의식의 선동자이다. 이 초자아는 완전한 주이상스의 황홀경에서 스스로 무너져 내리라고 자아를 선동하는, 이드의 강력한 요청이기도 하다.[13] 자아는 초자아의 압박에 몰려서 자기 자신을 가해하고 외부 세계에 범죄 행위를 저지르기도 한다. 이런 면에서 범죄자에게는 초자아가 없거나 약하다는 생각은 옳지 않다. 오히려 지독하고 이상한 범죄들은 주로 욕망을 최대치까지 끌어올리라는 초자아의 명령을 이기지 못해서 일어난다. 하지만 그 어떤 욕망도 완전한 주이상스에 도달하지는 못하기 때문에 그 어떤 행위들로도 완전한 만족을 얻지 못하고 언제나 공허함과 허무감이 남는다. 프로이트가 초자아

▲
아르카디 플라스토프의 〈파시스트 날아간다〉(1951)
평화로운 시골 마을에 군 비행기가 떨어뜨린 미사일로 인해
한 소년이 피를 흘린 채 쓰러져 있다.
폭군적 초자아의 가장 잔혹한 사례 중 하나인
'전쟁 트라우마'를 표현한 작품으로도 볼 수 있다.

안에는 순수하게 배양된 죽음의 욕동^{悲動}만이 지배한다고 했던 것도 그 때문이다.[14]

폭군적 초자아의 과도함은 선동에서뿐만 아니라 주이상스의 금지에서도 작용한다. 지나치게 강한 금지는 주체에게 우울감이나 자기비난, 자기징벌, 자해 등을 일으킬 수 있다. 이렇게 초자아의 비난이 과도하면, 라캉이 말한 '편집증적 자기징벌'로서, 자기비난과 처벌의 가학적인 쾌락을 즐기게 될 수 있다. 이때의 초자아는 주이상스에 대한 욕망을 억제하면서, 한편으로는 그 금지를 실행하는 자체를 즐기는 역설적인 독특성을 지니고 있다.

그렇다면 폭군적 초자아는 어디에서 유래할까? 프로이트는 최초의 외상에서 비롯된다고 보았다. 그 외상은 아이에게 어떤 일이 금지되는 상황에서 벌어지는데, 꼭 오이디푸스 시기의 근친상간 금지와 관련이 있는 건 아니다. 아이가 부모의 일반적인 금지나 명령을 거칠고 무서운 소리로 듣게 되는 경우가 그렇다. 부모의 고함에 놀라고 당황한 아이는 부모가 금지하는 내용의 의미를 채 알기도 전에 부모의 강한 권위와 위협에 압도된다. 즉 말이 담고 있는 의미와 상징적인 구조는 허공으로 날아가고 부모의 크고 거친 음성만 남아서 병적인 초자아를 형성하는 것이다.[15] 보통의 초자아가 근친상간의 금지를 명하는 합리적이고 상식적이며 권위 있는 부모를 내면화함으로써 만들어진다면, 폭군적 초자아는 거칠고 사나운 소리로서 명령의 형식만 남고 상징적 의미는 놓친 주체의 트라우마 경험에서 생겨난다.[16]

초자아의 상반된 얼굴

초자아는 사람들의 쉼을 도와주기도 하지만 훼방을 놓기도 하는 두 개의 얼굴을 가지고 있다. 초자아가 수행하는 법과 도덕적인 요구들은 주체의 욕망을 현실에서 가능한 방식으로 실현하게 함으로써 주체를 보호함과 동시에 사회의 질서와 문화도 보존한다. 초자아가 사람을 억압하고 힘들게 하는 것만이 아니라는 뜻이다. 오히려 제한하고 억제하는 점은 있지만 결과적으로는 잘되게 한다. 초자아는 '자아이상'의 역할로서 주체(자아)를 유혹하고 충동해서 욕망을 충족하고 목표에 도달하도록 한다. 때로는 양심의 작동으로 자아에게 불안이나 두려움을 갖게 해 지나치고 위험한 주이상스, 쾌락 추구로부터 주체를 떼어놓고 쉬게 만들기도 한다. 그래서 열심히 노력하고 치열하게 살아가게 하면서도, 한계와 문제점을 보면서 스스로를 제한하고 일에 거리를 두게 하는 자유와 여유를 갖게 한다. 초자아의 이런 측면은 부담이나 죄책감 없이 일손을 놓고 편안하게 쉴 수 있게 하는 요인이 된다.

그러나 부모가 일찍부터 거친 방식으로 아이를 대했다면 이야기는 달라진다. 특히 성공 지향의 경쟁 사회에서 자녀를 위한다는 마음에 잘하기만을 강요하며 훈육했을 경우 아이에게 부정적인 영향을 미칠 수 있다. 부모는 자신이 이루지 못한 것을 자녀가 이루기를 바라는 욕망 때문에 또는 자신의 욕망이 강해서 아이를 심하게 대할 수 있다. 공부를 안 하거나 못할 경우 무섭게 야단치고, 잘하거나 많이 할 경우 칭찬하고 포상하며 자기 일 이상으로 좋아할 수 있다. 때때로 부모는 그런 자신을 반성하기도 한다. 자녀에게 심하게 대했던 걸 후회하면서 거꾸로 된 과도함을 보여줄 수 있다. 일관성 없는, 혹은 변덕스러운 과도함 역시 말에 내포된 의미의 상징적 구조를 놓치게 만들고, 부모의 이해할 수 없는 태도와 형식으로 어리둥절해진 아이의 초자아는 상하고 망가진 무의식의 법과 명령이 ─폭군적 초자아─ 될 수 있다. 그러면 주체인 아이는 ─어쩌면 부모도 같은 이유에서 그랬던 것처럼─ 완전한 주이상스를 향한 욕망의 선동자, 그에 대한 과도한 금지로서의 억압자, 주체인 자기 자신에 대한 과도한 보호자로 인해 이상異相 성격과 행동을 보일 수 있다.

가령 폭군적 초자아 아래서 아이라는 주체는 부모가 그려주는 이상과 목표에 대한 걷잡을 수 없는 욕망에 갇힐 가능성이 있다. 성공은 완전한 주이상스의 매력으로 다가와 주체를 유혹하고, 그에 대한 욕망으로 인해 자기 상실이나 파괴로까지 치달을 수 있다. 그런 구조에서 주체는 성공과 출세라는 이상화된 주이상스를 쉼 없이 추구하게 된다. 부단한 학습자, 대단한 일꾼은 결과적으로는 목표를 이룬다 할지라도 기대에 미치지 못하는 만족 때문에 실망과 공허를 느끼고, 그동안 공부하고 일하느라 놓친 것을 후회하며 물질적이거나 감각적인 쾌락 같은 것으로 보상을 추구할 수도 있다. 사회적으로 성공한 사람들이 그런 방향으로 갈 때 주변 관계나 사회에 끼치는 부정적인 영향을 목격하는 건 그리 어렵지 않다.

이런 경우도 생각해 볼 수 있다. 부모의 지나친 성공 요구가 오히려 아이의 초자아를 성공(주이상스)에 대한 과도한 금지로 몰아갈 수도 있다는 점이다. 그런 금지는 주체가 우울감과 무력감에 휩싸여 노력하지 못하게 할 수 있다. 그래서 의욕도 없고 목표도 상실한 채, 욕망의 금지를 실행하는 자기 비난이나 비하의 상태에서 헤어나지 못한다고 할 수 있다. 강력한 요구를 하는 부모 밑에서 의외로 자신에 대한 욕심이나 목표가 없으며, 되고 싶은 게 없다거나 하고 싶은 게 없다는 아이들이 바로 이런 경우라고 할 수 있다. 주체가 공부나 일을 안 한다고 할 수는 없으나, 동력이 크지 않고 방향도 명확치 않아서 큰 진보를 이루기는 어렵다. 쉬는 것도 기분 좋게 잘 쉬지 못하고, 쉬는 데서도 무기력할 수 있으며, 쉬면서 죄책감을 가질 수도 있다.

또한 부모가 자녀에게 성공과 목표를 과도하게 요구하면, 아이의 과도한 초자아는 자아로 하여금 지나친 자기 보호와 과도한 자기 보존을 선택하게 할 수 있다. 욕망의 성취, 주이상스는 자아에게 위험한 것으로 인식되고 결정적인 순간에 물러서고 실패의 길에 들어서기도 한다. 물론 이는 모두 무의식에서 일어나는 것으로 현실에서는 이유를 알 수 없는 태도나 행위로 간주된다. 성공의 주이상스가 자아에게 위험한 것이라면, 그것을 추구하는 태도 자체를 기피할 수 있다. 그래서 어떻게든 공부하지 않고 일하지 않으려는, 쉬기만 하고 놀기만 하는 사람들이 나오는 것이다. 가끔 결정적인 시험을 망치는 징크스를 피하지 못하는 사람들이 있는데, 역시 위험한 성공 대신 자아의 보호를 택

하는 경우라고 할 수 있다.

초자아로부터 자유로운 자아의 기쁨

도덕이나 문화같이 거창하지 않더라도, 초자아는 부모의 가
치나 생각, 요구 등을 내면화해서 생겨난 것이다. 기성사회의
일반적이고 통속적인 관념과 가치, 목표 같은 것이기도 하다.
아이는 이를 내면화해서 마치 자신의 생각인 것마냥 사회의 가
치와 목표를 욕망하면서 살아간다. 일반적인 관점에서 보면, 초
자아는 대체로 잘하고 성공해서 대우받으며 사는 것을 욕망하
게 한다. 비단 부모뿐만 아니라 어느 시대 어느 사회에든 크게
작용하는 가치이다. 옳고 그름을 떠나서 성공하지 못하고 잘못
되거나 실패하면 가난하고 힘들게 살기 때문이다. 어쩌면 생존
조차 담보할 수 없어서 잘하고 잘 돼야 한다는 걸 어려서부터
주입하지 않을 수 없기 때문일지도 모른다. 자본주의의 발달과
산업 구조의 급변으로 경쟁이 더욱 격화된 요즘도 그런 식의
교육이 필요하고 효과를 발휘한다는 건 두말할 나위가 없다.
그래서 어려서부터 성공하기 위한 성실과 근면, 집중력, 인내

심, 책임감 같은 걸 잘 길러주는 게 요즘도 부모의 책임이자 의무이다.

그러나 너무 강한 초자아는 성공을 최고의 가치로 삼아서 쉼없이 일하게 하는 요인이 된다. 요즘 사람들은 성공하고자 하는 욕망에, 그리고 실패하지는 않을까 불안한 마음에 마음 놓고 쉬지 못하는 상태가 되곤 한다. 더구나 성공이 바늘귀를 통과하는 것처럼 어려운 시대이니 쉬어가면서 해야 잘하고 오래 할 수 있다는 걸 알면서도 쉬는 게 부담스럽고 편치 않다. 아이들은 수학 공부하다 쉬는 게 국어책을 보는 것이고, 휴가 가는 길에도 참고서와 연습장을 챙긴다. 직장인들은 주말이나 여름휴가를 자기계발에 쓴다.

쉬면서 여유 있게 살려면, 우리 안의 초자아를 이해하고 관계를 새롭게 정리할 필요가 있다. 우리가 초자아의 요구에 이의 없이 순복하거나 무비판적으로 추종하면, 자칫 우리 자신의 삶은 위축되거나 훼손될 수 있다. 부모나 기성사회의 가치가 곧 나의 가치이고 부모의 욕망이 나의 욕망이라면, 나 자신의 삶을 산다기보다는 부모의 삶을 살아주는 것과 다를 바 없다.

초자아를 의식한 나머지 지배를 받으면, 나로서는 부자유하고 재미없게 살아갈 수도 있다. 억압이 지나치면 기존의 법과 도덕을 너무 의식해서 방어적으로 조심스럽게 살아가기도 한다. 그런 사람들은 자신과 달리 자유롭고 편하게 사는 사람들을 용인하지 못하는 경향이 있다. 자기 기준에서 벗어나는 사람들을 보면 도덕적 잣대를 들이대며 비난하기도 한다. 자기가 하고 싶지만 ―무의식적으로이다― 하지 못하는 것을 하는 남들에게 자기도 모르게 부러움과 질투를 느끼는 것이다.

초자아의 가치는 이전 세대, 부모를 대표로 하는 기성사회의 가치이다. 그러나 시대는 변하고 가치관도 그에 따라 달라진다. 우리는 우리의 시대를 살고 있다는 사실을 잊어서는 안 된다. 현재 우리가 사는 포스트모던, 근대 이후 시대는 하나의 가치가 지배하는 사회가 아니다. 이전보다 훨씬 더 다양한 가치가 공존하고, 그 결과 사람들의 삶의 스펙트럼도 매우 넓어졌다. 삶의 성공 여부도 남들을 꺾고 올라서서 일등을 하기보다는 일 자체에서 오는 만족과 기쁨을 누리는 데 두기도 한다. 남들이 알아주건 말건 내가 만족하면 성공이라고 여기는 사람이 많아졌다. 기존 사회의 일률적인 가치나 평가로부터 자유로워졌다는 뜻이다. 달리 말하면 초자아에 맞서서 자신의 뜻과 의지, 욕동을 펼치는 데서 얻는 만족과 즐거움을 중시하는 사람들이 되었다는 것이다. 실제로 어느 정도 돈을 모아서 일찌감치 은퇴해 여행을 다니고 취미생활을 하며 자신만의 삶을 산다거나, 귀촌해서 자연친화적이고 유유자적한 삶을 살아가는 사람들을 볼 수 있다.

이전보다 훨씬 자유롭고 개방적인 포스트모던사회에서는 획일적인 초자아에서 벗어나 자아에 힘을 실어줄 필요가 있다. 자신의 욕망에 충실하자는 것이다. 욕망, 욕동 같은 본능적 에너지(리비도)는 근원적으로는 이드로부터 오지만, 자아는 이드의 일부로서 욕망을 현실에서 실현한다. 그렇게 자아가 살아 있고 힘을 가져야 기존의 관념이나 가치를 상대적으로 보고 비판하거나 무시하면서 자신이 원하는 일을 하는 것도 가능하다. '부모의 목소리'만 중요한 게 아니다. 내 안의 소리도 중요하다. 초자아에 종속되고 압도되기보다는 자유롭게 욕망하고 주이상스를 추구하는 것이다. 그래야 인생을 더 즐겁고 편하게 살 수 있다.

한 번 사는 삶을 부모와 기성사회의 대행자로 살기보다는 모험을 감수하더라도 자유로운 주체로서 자신의 삶을 살라고 권하고 싶다. 쉼을 위해서라면 더욱 그렇다. 때마다 기회를 만들어서라도 쉬고 놀고 즐기기도 하려면, 성공을 요구하는 기존 사회와 가치가 만든 초자아로부터 자유롭고, 그런 만큼 자신의 욕구와 욕망에 솔직해야 한다. 나는 성공하기 위해 태어난 존재가 아니고, 성공하지 못하고 일을 못해도 '괜찮다'는 목소리를 듣는 것이다. 그럴 때 불안과 가책은 줄어들고 삶의 기쁨과 유쾌함은 한층 올라간다. 일이나 삶에 임하는 자세도 훨씬 편해진다. 일할 때는 일하지만 놀 때는 또 열심히 놀 수 있는 것도 초자아로부터 자유로운 자아 덕분이다.

"삶의 다양한
모양을 생각하고
인정하라"

**마음의 불안을 해소하는
생각의 확장**

욕망에 얽매였던 나로부터의 자유

성공하지 못함에 대한 불안이 성공에 더 집착하게 한다. 실패에 대한 불안이 더 노력하게 하고 일에 매달리게 한다. 그렇게 성공해서 높은 자리에 올라가고 부를 누리기도 한다. 대가는 있다. 일을 손에서 놓지 못하고, 일 생각이 머리에서 떠나지 않는다. 일을 손에서 놓으면 불안해지는 것도 이런 생활이 거듭되면서 생긴다. 결국 불안이 삶을 기진하게 하고 피폐하게 만든다. 그래서 불안을 해소하고 극복하는 게 몸과 마음의 평정을 되찾고 안식을 누리는 첩경이다.

불안 해소, 말이 쉽지 실제로는 그렇게 쉬운 일이 아니다. 불안은 평생 따라다니는 문제이고, 나이가 들수록 더 심해질 수 있다. 불안은 시간과 장소를 가리지 않고 작동해 평정을 깨트리고 일상생활에 적지 않은 지장을 초래한다.

불안'증'이라고 할 정도로 심한 불안은 전문적인 분석과 치료가 필요하다. 개인적으로, 스스로 또는 주변 누군가의 도움으로 어떻게 할 수 있을 만치 쉬운 문제가 아니다. 하지만 전문적인 치료를 요하는 정도의 불안이 아니라면, 어느 정도는 스스로 극복하고 해소할 수 있다. 명상이나 기도, 독서·음악·미술·스포츠 같은 취미 활동으로 마음을 다스리고 풍요롭게 하는 것도 방법이다. 자기 성찰과 암시, 그리고 마음 훈련은 기본이다. 무엇을 하든 방향을 정하고, 시간을 내고, 의지를 다지며 노력해야 한다.

불안을 해소하려면 무엇보다 자기 자신을 떠날 필요가 있다. 나 자신과의 거리 두기라고 할까? 불안해하는 자기 자신을 상대화하고 객관적으로 보는 것이다. 내려다본다고도 할 수 있다. 그러면 불안한 실존 속에 함몰되어 이러지도 못하고 저러지도 못하는 상태로부터 빠져나올 수 있다. 훨씬 더 냉정하고 침착해져서 마음의 평정을 찾게 되는 것이다. 이렇게 되면 그 다음에는 어떻게 해야 할지도 알 수 있다. 불안에서 벗어나지 못하는 자기 자신으로부터의 자유가 불안을 해소하는 하나의 처방일 수 있다는 것이다.

앞장에서 이야기했던 자유도 필요하다. 자기 자신의 욕망으로부터의 자유, 자기가 절대적이라고 믿었던 것으로부터의 자유 혹은 비신성화이다. 이런 자유를 얻으면, 욕망을 이루지 못할까 봐 염려하고 번민하는 불안감을 줄일 수 있고 극복할 수 있다.

목표를 세우고 이루고자 열심히 노력하는 건 나무랄 데 없이 훌륭하다. 그 목표가 돈이어도 좋고 명예여도 좋다. 무엇이든지 욕망하고 노력할 수 있지만, 그만큼 그 욕망의 대상들을 상대적으로 볼 마음의 여유 같은 게 필요하다. 그래야 집착하지 않을 수 있고, 과도한 열망에 몸을 혹사시키는 일도, 이루지 못하는 것에 대한 염려와 불안으로 조바심을 내는 것도 피할 수 있다.

성공에도, 실패에도 연연하지 않는 법

사실 사람이 품위를 지키면서 그럴듯하게 살아가는 것도 그 무엇에도 얽매이지 않는 자유가 있을 때이다. 돈밖에 모르고 돈에 연연하면, 써야 할 때 쓸 줄 모르는 인색한 사람이 될 수 있다. 자리를 차지하겠다는 일념에 사로잡히면, 동료고 선배고 없이 수단과 방법을 가리지 않을 수 있다. 명예를 얻는 데 매달리다 보면 사사건건 자기를 앞세우고, 생색을 내고, 나눠야 할 공로도 독차지하려 할 수 있다. 그런 사람들에게는 그 어떤 인간미나 품위도 발견하기 어렵다.

성공은 인간성과 반대로 갈 수 있고, 목표의 성취는 평판의 희생일 수 있다. 그러니 성공과 목표 달성의 실패에서 오는 불안 해소를 위해서 필요한 것은 생각의 확장이다. 생각을 다르게 하거나, 관점을 이리저리 바꿔가면서 더 크고 넓게 생각하는 것이다.

열심히 일해서 돈을 벌고, 모으고, 불려나가는 건 바람직하다. 돈에 집착하지 않으면서도 쓸 때는 쓰고, 더 중요한 일에는 쾌척하며 산다면 금상첨화이다. 권력이나 명예도 마찬가지이다. 자기가 목표로 하는 것 말고도 주변에 수많은 삶이 있다는 걸, 더 중요한 것도 있을 수 있다는 걸 알아야 한다. 생각을 넓고 유연하게 가져야 하는 것이다. 자유롭기 위해, 불안을 극복하고 몸과 마음의 평정을 찾아 편안한 쉼을 누리기 위해서는 더욱 포용적인 생각과 삶의 자세가 필요하다.

삶의 길은 다양하고 많다. 한 사람만 있는 게 아니듯 한 가지 삶만 있는 게 아니다. 삶의 목표는 사람마다 다르고 그중 어떤 것이 더 특별하고 가치 있으며 우월하다 말하기 어렵다. 어떤 삶의 목표가 더 많은 기쁨과 행복을 가져다줄지는 아무도 모른다. 그러니 실패도 실패가 아니라는 생각이 가능하다. 완전한 성공이 없듯이 완전한 실패도 없다. 실패해서 완전히 손을 털고 나와야 하는 상황에서도 얻은 게 전혀 없지는 않다. 자기가 해보고 싶은 걸 해본 것으로도 위안을 삼을 수 있고, 다음에 ─다른 것을 하더라도─ 더 잘할 수 있는 경험과 지식과 교훈을 얻은 것도 소득이라면 소득이다.

길은 다양하고 목표도 한 가지가 아닐 수 있다는 걸 알 때 편안하고 자유로울 수 있다. 목표를 세워서 열심히 살지만, 또 다른 것들도 목표로 삼을 수 있기 때문이다. 목표가 여럿이면 그중 한두 개는 성공할 수 있고, 실패해도 다 실패하지 않을 확률이 높다. 낚시터에서 낚싯대를 여러 개 걸쳐놓는 셈이다. 한 가지에 집중하지 않아도 여러 군데 걸어놓음으로써 한두 개의 성공으로 다른 실패들을 보상할 수도 있다.

삶에서 목표를 이루고 성공했다고 해도, 뒤집어 보면 다른 많은 것을 희생한 대가일 수 있다. 그래서 삶에서 성공이 반드시 성공이 아니고, 실패라고 해서 꼭 실패만도 아니다. 큰돈을 벌었지만 인간관계를 놓쳤을 수 있다. 사업에서 성공했지만 가정에서는 실패했을 수 있다. 권력을 얻었으나 인격은 엉망일 수 있다. 인격의 성공이 직장의 실패일 수 있고, 직장의 성공이 건강의 실패일 수 있다.

모든 것에서 다 성공할 수는 없고, 모든 것에서 다 실패하지도 않는다. 그것이 삶이고 인생이다. 삶의 자유는 이런 생각의 확장에서 얻을 수 있다. 불안에서 벗어나 마음의 위안과 평화를 찾는 것도, 직장의 굴레에서 벗어나 편안히 쉬고 놀고 즐길 수 있는 것도 삶에 대한 생각의 확장에서 비롯된다.

3부

어떻게 쉴 것인가

"일을 멈추는 것은 휴식 그 이상의 의미다"

사바트, 나를 사랑하는 자유인의 길

안식일의 금기를 넘어서

유대인은 '안식일'을 지키는 민족으로 유명하다. 세계 어디에서 살든 토요일에는 회사와 상점을 가리지 않고 모든 일터가 문을 닫는다. 그리고 잘 차려입고 회당에 나가 모임을 하는 것 외에는 조용히 쉬면서 하루를 보낸다. 유대인만큼 일과 휴식을 철저하게 구분하는 민족은 없을 것이다.

유대인은 안식일을 '사바트Sabbath'라고 하는데, 사바트에는

'그치다, 멈추다, 중지하다'라는 뜻이 있다. 안식일, 즉 사바트는 태초에 신이 창조를 마친 후에 일을 멈췄다는 데서 유래한다. 일을 멈춰야 쉴 수 있다는 건 당연한 이치다. 쉼 자체가 일을 멈추는 것, 중단이다. 그런데 그게 어려운지 일을 멈추지 못하고 계속 붙잡고 있는 사람들이 많다. 앞에서 설명한 대로 여러 가지 이유가 있고 대안을 모색해볼 수도 있겠지만, 결국 쉼을 현실화하는 것은 개인의 결정과 실천에 달려 있다. 쉼은 일을 멈추는 '결행'으로 가능하고, 그렇지 않으면 그 어떤 대안도 대안이 되지 못한다.

아브라함 헤셸은 "안식일이 평일을 위해 있는 게 아니라 평일이 안식일을 위해 있다"고 했다.[1] 유대교에서는 안식을 창조의 정점이자 완성으로 본다. 따라서 쉼 그 자체에 고유한 의미와 가치를 부여한다. 안식일을 민족적·종교적인 정체성의 근본으로 삼는 것도 이런 까닭이다. 헤셸은 유대교적인 관점에서 평일을 뛰어넘는 안식일을 예찬하지만, 사람의 '주인됨'이라는 관점에서 안식을 생각해보면 어떨까?

예수는 "사람이 안식일을 위해 있는 게 아니라 안식일이 사람을 위해 있다"고 했다. 이 말을 이렇게 바꿔 보자. "사람이 일을 위해 있는 게 아니라 일이 사람을 위해 있다!" 일이 사람의

▲
반 고흐의 〈양귀비와 종달새가 있는 밀밭〉(1887)

평화로운 밀밭을 거닐며 이삭을 잘라 먹던 예수와 제자들에게
바리새인들은 '안식일을 지키지 않았다'며 비난을 서슴지 않았다.
이에 예수는 "인자(사람)가 안식일의 주인이다"라는 유명한 선언을 하기에 이른다.

주인이 아니라 사람이 일의 주인이라는 의미이다. 안식의 주인이 사람이라면, 일의 주인도 사람이라는 건 당연한 이치다. 안식이 사람을 위해 있듯이 일도 사람을 위해 있다. 안식이든 일이든 사람 좋으라고, 사람을 위해서, 사람에게 필요해서 하는 것이 아닌가?

예수가 안식일의 주인은 사람이라고 했던 것은 당시 사람들이 안식일을 금기^{taboo}처럼 신봉했던 역사적 맥락이 있기 때문이다. 아무것도 하지 않고 쉬어야 하는 안식일이라고 해도 일을 할 수밖에 없는 경우가 있다. 피치 못할 사정 때문에 일을 할 수도 있고 그저 먹고살다 보니 일을 해야 할 때도 있다. 그런데도 융통성 없이 신의 계명이라는 이유로 사람들을 과도하게 억압하는 당시 상황에서, 예수는 안식일은 사람을 위해 있다고 천명했던 것이다.

사람은 일과 안식의 주인이다

일도 마찬가지이다. 사람들이 건강과 행복을 해치면서까지 일을 해야 하는 상황이라면, 일은 사람을 위해 있는 것이지 사람이 일을 위해 있는 게 아니라고 선언해야 한다. 이는 언제 어디서나 사람이 우선이고, 사람이 목적이고, 사람이 주인이라는 뜻이다. 당연한 이야기가 아닌가? 그런데 이 당연한 이야기를 할 수밖에 없는 게 지금 우리의 현실이다. 그만큼 일의 주인이 되지 못하고 종이 되어 살아가는 사람들이 많다. 우리가 일과의 관계를 재정립해야 할 이유이다. 일은 일의 자리로 되돌리고, 사람은 사람의 지위를 되찾아야 한다. 일에서 해방되고 적절한 거리를 두며 자유를 누리자는 것이다. 이것이 바로 안식이다.

과로를 부추기는 사회, 사람들을 일중독으로 몰아가는 사회라면 더더욱 일을 멈춰야 한다는 걸 강조할 수밖에 없다. 실적, 성과, 고소득, 성공 등에 일차적으로 영향을 미치는 것은 '쉼'이 아니라 '일'이다. 사정이 이렇다 보니 일이 삶의 전부처럼 되었고, 그 결과 일에 쫓기고 지친 나머지 번아웃 증후군에 시달리는 사람들만 늘어나고 있다. 지금 우리는 일을 '하기'보다 '멈추기'가 사회 문제로 떠오른 시대를 살아가고 있는 셈이다.

일을 멈추지 못한다는 건 내가 일을 쥐고 있는 게 아니라 일이 나를 쥐고 있다는 뜻이다. 내가 일을 주도하는 게 아니라, 일이 나를 주도한다. 자기 자신이 목적이 아니라 일이 목적이다. 일 앞에서 자신을 잃고 일의 수단이 된 셈이다. 달리 말하면 직장의 수단, 더 나아가 경제의 수단이 되었다고 할 수 있다. 나란 존재가 목적이 아니고 직장이, 경제가 목적이다. 직장과 관련된 것이라면 시간을 아끼지 않고 헌신하지만, 나를 위한 잠깐의 휴식 시간도 필요 없다고 여길 정도로 나란 존재와 일의 경계가 사라진 것이다. 이런 상태라면 나라는 주체는 상실되었다고 해도 과언이 아닐 것이다. 일에 파묻혀 나란 존재를 잃어버린 채 직업명이나 작업명으로 불린다면, 같은 직업인에 의해 대체되어도 아무 문제없는, 이름 없는 인간으로 전락한 것이라고도 할 수 있다.

사랑이 대상을 인격적으로 그리고 구체적으로 생각하고 오래 기억하는 것이라면, 이렇게 살아가는 사람들은 결코 사회의, 회사의 사랑을 받고 있는 게 아니다. 그리고 그렇게 살아가는 나도 자기 자신을 사랑한다고 할 수 없다. 직장이 자기 자신을 일의 수단으로 삼아도 반대하지 않는다면, 그 자신이 스스로 일의 수단이 되어 적극 수행한다면 그렇다. 사랑은 대상을 목적으로 삼지 수단으로 삼지 않는다.

흔히 인간을 만물의 영장이라고 한다. 시간에 대해서도, 일에 대해서도 마찬가지이다. 사람은 일로부터 자유로운 일의 우두머리이다. 시간을 이용할 수 있고 일을 통제할 수 있다. 때가 되면 반복적으로 하던 일을 멈추는 것에서부터 시작한다. 일을 멈추는 것은 곧 쉼을 얻는 길이지만, 그보다 더 중요한 무엇이기도 하다. 일로부터 자유롭다는 표시이고 증거이다. 안식은 당신이 자유인이고 당당한 주체임을 증명한다.

일을 멈추는 것은 곧 나 자신을 사랑하고 존중하는 것이기도 하다. 일을 멈춤으로써 삶을 주도적으로 꾸려나가는 주체가 될 수 있다. 일의 중단, 사바트를 결정하고 실행하고 습관화하는 것만이 당신을 자유인으로 만든다. 실천은 당신의 몫이다.

"시간에 맞출 것인가,
시간을
주도할 것인가"

**흘러가는 시간의 의미를
붙잡는 안식**

객관적으로 측정하는 시간의 탄생

살바도르 달리는 20세기 초현실주의를 대표하는 화가 중 한 명이다. 테이블 모서리에 걸려 녹아내리거나 나뭇가지에 말안장처럼 늘어져 있는 시계를 그린 〈기억의 지속〉(1931)이라는 작품이 대표적이다. 달리는 시계를 왜 저렇게 그렸을까?

시계는 시간을 알려줌으로써 정확하고, 정형화되고, 더군다나 깨어 있는 삶을 가능하게 해준다. 누구에게나 정량^{定量}의 시간을 알려주고 누구에게든 틀림이 없게 해준다. 현대인들은 시계를 보면서 점점 더 정확해지고, 규칙적으로 움직이고, 객체적 존재가 된다. 자신의 리듬이 아니라 사회의 리듬에 맞춰진다. 이 리듬이 강해지면 자기상실의 소외를 경험하고 시간의 노예로 전락할 위험도 있다. 시간을 누리는 게 아니라 따르면서 살고, 시간에 쫓기면서 시간의 지배를 받는다.

시계를 보면 누구나 정신 차리고 긴장하게 되지만, 허물어지고 녹아내리는 시계 앞에서는 여전히 덜 깬 상태로 늘어져 있을 수 있다. 달리의 '늘어진 시계'는 시계가 상징하는 모더니즘의 객관성, 정확성, 체계성 같은 것을 무너뜨렸다. 현대문명에 대한 비판인 동시에 대안이라고 할 수 있다. 누구에게나 똑같이 규정되는 객관화된 시간은 없다는 것, 긴장하지 않고 늘어졌어도 심지어는 몽환적인 상태로도 시간을 보낼 수 있다는 것을 보여주었다.

이탈리아 피렌체의 산타 마리아 델 피오레 대성당 정문 안쪽에는 커다란 시계가 걸려 있다. 15세기 작품인데 지금도 잘 돌아가고 있다. 그런데 시계의 숫자판이 12가 아니라 24로 나뉘어져 있고, 바늘은 시침 하나밖에 없다. 하루에 한 바퀴를 돌면서 시만 알려주는 특이한 시계다. 15세기에는 분과 초 없이 대충 시만 알고 살았다는 뜻이다.

시를 60분, 분을 60초로 나누는 현대적인 시간(시계) 개념은 18세기 중엽에 등장했다. 산업혁명을 맞아 대규모 공장에서 기계가 돌아가고 노동자들이 바쁘게 움직여야 했던 시기이다.

이전과 다른 개념의 새로운 시간은 곧이어 기차가 일반화되자 두각을 나타냈다. 산업화와 도시화가 가파르게 진행된 현대 문명의 거의 모든 것이 정확하게 지켜지는 기차 시간처럼 정확성과 객관성을 기반으로 한다. 그 속에서 대중이 느끼는 긴장도나 피로감은 계속 누적됐고, 달리가 활동하던 20세기 중반에는 이미 임계점에 도달했을 것이다. 다시 말해 그냥 사는 것만으로도 힘들고 피곤하고 쌓이는 게 많아서 언제 터질지, 무슨 일이 일어날지 모르는 상태라고 할 수 있다.

스스로 결정하는 자기의 시간

산타 마리아 델 피오레 대성당의 시계가 보여주듯, 시간은 원래 그렇게 세밀하지 않았고 정확하게 지켜지지도 않았다. 오히려 주관적이고 상대적이었다. 배꼽시계라는 말이 있는 것처럼 배고프면 식사시간, 동이 트면 일어나는 시간, 밤이 되면 자는 시간이었다. 시간이 일정하다는 것도 상황이나 감정에 따라 다르다. 힘들고 어려운 시기는 길게 느껴지고, 즐겁고 행복한 시간은 빨리 간다. 사람만 그런 게 아니다. 베르나르 베르베르 Bernard Werber에 따르면, 개미들도 그렇다고 한다. 날이 더우면 시간이 빨리 가고, 추워지면 축축 늘어지고 무한히 길어져서 동면을 하면서 의식하지 못할 정도가 된다. 개미들에게 시간은 온도에 따라 다르게 감지되는 것이다.[2]

시간의 기억이라는 것도 그렇다. 전혀 의미 없는, 아무런 감흥도 없이 지나가버린 시간이 있는가 하면, 아주 짧았던 순간이 오래 기억되고 죽을 때까지 영원히 지속하는 경우도 있다. 즉 시간은 양적으로만이 아니라 질적으로도 인지될 수 있다. 그래서 그리스어에서는 시간이 크로노스Cronos와 카이로스Kairos 두 가지로 표현된다. 크로노스는 단선적으로 균일하게 흐르는 양적이고 물리적인 시간이지만, 카이로스는 결정적이거나 특별한 의미로 가득 찬 시간이다. 비록 순간적이거나 짧은 시간일지라도 영원의 차원을 획득하는 질적인 시간이라고 할 수 있다.

이렇게 시간은 조건이나 상황에 따라 다르게 느껴지는 상대적이고 주관적인 성격이 있다. 심지어 질적으로 전혀 다른 특별한 차원까지도 가진다. 시간이라고 다 같은 시간이 아니고, 같은 시간을 살아도 어떻게 사느냐에 따라 전혀 다른 의미의 시간이 펼쳐질 수 있다. 시간을 어떻게 보내느냐, 즉 '어떻게 살아야 하느냐'가 중요한 이유가 여기에 있다. 모두 같은 시간 속에 있다 해도 주관적으로는 의미가 달라진다. 삶의 재미나 가치나 차원도 달라진다. 사람이 시간의 창조자가 되고 자유로운 주인으로 살아갈 가능성이 열린다. 그러기 위해서는 시간을 스스로 주도해야 한다. 직접 나의 시간을 살아갈 수 있도록 스스로 조율한다는 뜻이다. 바로 시간의 객체가 아닌 주체가 되고, 노예가 아닌 주인이 되는 길이다.

인생의 사막에서 만나는 오아시스[3]

물론 인간이 시간의 주체로 사는 데는 한계가 있다. 일을 해야 하기 때문이다. 일을 하는 시간은 의무이기도 하고, 어쩌면 강제되는 것이기도 하다. 평가받고, 통제받고, 감시받는 시간이다. 자기 스스로 그렇게 통제하고 감시하고 평가한다. 스스로 한다고 해서 그 시간을 자율적으로 보낸다거나 주체적으로 보

▲
**프란체스코 데 로시의
〈기회로서의 시간(카이로스)〉
(1543~1545)**

흘러가는 시간이 아니라
'획득하는 시간'으로서
카이로스가 지닌 저울과 칼은
정확하고도 날카로운
판단과 결정의 순간을
은유하고 있다.

낸다고 할 수는 없다. 타인의 기준, 체제의 기준, 객관적인 기준을 적용하기 때문이다. 일을 해야 하는 시간은 그렇다. 인간이 항상 시간의 주체로서, 시간으로부터 자유로운 사람으로 살 수만은 없다는 이야기이다.

그러나 쉼의 시간은 다르다. 온전히 자신의 생각과 의지에 따라서 보낼 수 있다. 자유의 시간이고, 내가 사는 시간이다. 이 쉼의 시간이 우리의 삶을 더욱 다양하고 풍요롭게 하며, 뜻있게도 만들 수 있다. 생텍쥐페리는《어린 왕자》에 "사막이 아름다운 건 그 어딘가에 오아시스가 있기 때문"이라고 썼다. 우리의 삶을 아름답게 하는 건 우리가 보내는 수많은 시간 중 자유의 시간, 내가 주체가 되어 보내는 쉼의 시간이 있기 때문이라고 할 수 있다. 그 쉼의 시간이 바로 힘들고 어려운 인생의 사막에서 한번씩 쉬어가는 오아시스인 것이다.

신은 창조를 마친 후 일곱째 날에 쉬면서 그날을 "복되게" 하고 "거룩하게" 했다고 한다. 쉬는 날을 복되고 거룩하게 했다는 것은 무슨 뜻일까? 간단히 말해 아주 좋은 날로 여겼다는 것이다. 복이 있는 날이자 누구에게나 좋고 특별한 날이다. 그렇다면 신은 왜 그날을 그렇게 좋게 여겼을까?

평일에는 아무래도 일 이외의 다른 생각을 하기가 어렵다.

직장에서의 인간관계, 성과급, 승진 시험 등 일과 관련된 생각이 꼬리에 꼬리를 문다. 일과 관련한 것이 전부인양 몰입해서 우리가 가진 모든 시간과 정력을 쏟아붓는다. 사회와 직장이 부과하고 요구하는 대로 시간을 보낸다. 사회에 속해 사회적 삶을 영위하는 한 피할 수 없는 일이다. 내가 가진 시간과 능력은 물론, 삶 전체를 사회에 내줄 수밖에 없다. 심지어 영혼까지도 전부는 아니더라도 빌려줄 수는 있다. 대부분의 사회인이 그렇게 살아간다.

그러나 안식일은 아니다. 안식일은 다른 날, 다른 시간이다. 평일에 했던 모든 것을 중단하고 다른 것, 다른 존재, 다른 세상을 향하는 시간이다. 일단 사회에서 했던 것을 하지 않는 시간이다. 사회에서 했던 것을 비워내고, 떠나는 시간이다. 쉬는 날을 '거룩하게' 지킨다는 것은 이제까지와는 구별된 시간을 가진다는 뜻이다. 이제까지 썼던 시간과는 전적으로 다른, 나 자신이 주체가 되고 주인이 되는 시간을 영위한다는 뜻이다. 사회로부터 자유로운 시간, 평일과는 다른 시간이다.

우리에게 이런 안식일, 시간의 오아시스가 있을까? 일하거나, 소비하거나, 사회의 매체에 빠져드는 시간과 구별된 나 자신만의 고유한 시간, 주체적인 시간 말이다. 쉼이 상징하는 그런 시간이 있을 때 우리의 생각이, 우리의 말이, 우리의 삶이, 종국에는 우리 자신이 자유로워진다. 끌려다니는 삶이 아니라 주도적인 삶, 시간의 주인으로 사는 삶, 인생의 주인으로 사는 삶이 가능해진다.

성서는 안식일을 "지키라"고 했다. 일주일에 하루는 꼭 쉬고 지나가라는 뜻이다. 지키는 것이 중요하다. 그렇지 않으면 그 좋은 쉼, 휴일, 시간의 오아시스도 아무 소용이 없다. 다만 '금기(터부)'처럼 두려움이 아니라 '오아시스'처럼 '기쁨으로'라는 점을 강조하고 싶다. 휴일은 즐겁고 기쁘고 신나는 날이 될 수 있고, 또 그래야만 아주 쉽고 당연하게 우리 삶의 일부가 된다.

"안식,
법으로 정하고
규율로 지키라"

**■ 쉼이 생활 규범이
되어야 하는 이유**

무한 노동으로부터 살길을 찾다

안식일을 민족 정체성으로 삼을 정도로 중시했던 유대사회처럼 쉼의 규율, 안식법이 발달한 곳은 없다. 오늘날로 말하면 근로기준법이다. 그 내용은 성서와 유대교 율법에 고스란히 들어 있다. 유대 역사에서 안식법은 우선 '안식일을 지키라', '일주일에 하루는 반드시 쉬라'는 것부터 시작된다. 이 규정은 유대교 최초의 율법이라 할 '십계명'에 등장한다.

안식일을 기억하여 거룩하게 지키라. 엿새 동안은 힘써 네 모든 일을 행할 것이나 일곱째 날은 네 하나님 여호와의 안식일인즉, 너나 네 아들들이나 네 딸이나 네 남종이나 네 여종이나 네 가축이나 네 문안에 머무는 객이라도 아무 일도 하지 말라.

_〈출애굽기〉 20장 8절~10절

십계명의 다른 버전인 〈신명기〉 5장에는 "네 소나 네 나귀나 모든 가축이나 (아무 일도 하지 못하게 하고) 네 남종이나 여종에게 너 같이 안식하게 할지니라"라고 나온다.

구약성서의 〈창세기〉에도 안식일에 대한 언급이 나온다. 하나님이 창조를 마치고 "일곱째 날에는 모든 일을 그치고 안식하셨으며, 그날을 복되고 거룩하게 하셨다"는 내용이다. 안식일을 신의 창조 때까지 소급시켰고, (사람들만이 아니라) 신 자신이 먼저 쉬었던 날임을 강조했다. 법이 아닌 이야기의 형식으로 표현되었지만, 〈창세기〉의 저자는 안식일의 기원을 창조 때까지 소급시켜서 하나님 자신이 준수한 날이라며 그 권위를 한껏 높였다. 그만큼 안식일이 중요했다는 의미이다.[4]

유대 사회의 이런 규정은 아무 이유 없이 나온 게 아니다. 기원전 13세기경 이집트 노예 생활과, 기원전 6세기의 바빌론 포로 생활이라는 쓰라린 역사를 배경으로 한다. 이집트와 바빌론에서 지독한 노동을 강요당했던 이스라엘인들은 안식일의 필요성을 깊이 인식해 법전에, 성전^{聖典}에 명시했다. 물론 안식일은 휴식만이 아니라 예배를 위한 것이기도 하지만, 그 출발은 일하지 않고 쉬는 데 있다. 십계명의 안식일 규정은 이집트에서의 노예 생활이 반영된 것이고, 〈창세기〉의 언급은 ─구약성서의 첫 번째 책이지만 시기적으로는 뒤늦게 작성되었다─ 바빌론 포로 생활도 배경으로 하고 있다.

히브리인들은 이집트에서 종살이를 했는데, 파라오 치하에서 노역과 학정에 시달렸다. 성서학자 월터 브루그만^{Walter} $_{Brueggemann}$은 이 이야기 속에서 파라오 치하의 학정에 주목했다.[5] 다름 아닌 이집트의 노동 시스템이다. 한마디로 노동자들을 혹사시켜서 생산을 끝없이 확대하는 무한생산 시스템이다.

파라오는 생산을 끊임없이 독려했다. 계속 생산하고 비축해야 했으므로 대형 창고와 물류센터를 지었다. 이런 대규모 공사를 위해 파라오는 벽돌 생산을 더 많이 요구했다. 창고를 크게 짓고 나면 거기를 채우기 위해서 곡식을 더 많이 생산해야 했다. 더 많은 곡식 생산은 다시 더 큰 창고를 필요로 했다. 그런 식으로 수요는 생산을 낳고, 생산은 다시 수요를 유발했기에 노예들에게는 쉼 없는 노동이 부과되었다. 물고 물리는 시스템 속에서 히브리인들은 벽돌 생산에 투입되었다. 파라오는 벽돌 생산을 엄격하게 감독하고 다그쳤는데, 벽돌을 생산하는 데 필요한 짚을 스스로 조달하게 하면서 생산량도 줄여주지 않았다. 이런 상황에서 히브리인들이 할 수 있는 게 무엇일까? 노동시간을 늘릴 수밖에 없다. 그러니 쉬는 시간도, 쉬는 날도 보장될 턱이 없다. 쉼이 절대적으로 문제가 되는 현실이었다. 쉼은 생존과 직결된 문제였고, 쉼을 얻기 위해서는 어떤 행동도 감행해야 했다. 히브리인들이 목숨을 걸고 이집트에서 탈출을 시도했던 이유이다.

신의 도움으로 이집트를 탈출한 히브리인들은 시나이 광야를 유랑하던 중 신으로부터 십계명, 율법을 받는다. 그 법의 중심에 안식일 규율이 있었다. 이집트 탈출의 동기였던 안식일 준수가 유대인의 가장 중요한 특징과 정체성이 될 수밖에 없었던 것이다. 이후 율법을 토대로 설교하고 가르치는 제사장, 예언자, 랍비 등 유대교 종교인들은 안식일 준수를 철저하게 강조했다. 뿐만 아니라 안식일을 어떻게 지킬지에 대해서도 추가로 많은 규정을 만들었다. 세부 규정이랄까. 무엇이 일이고 일이 아닌지에 대한 기준이 있어야 할 것 아닌가? 그렇게 해서 율법서

▲ 흙으로 벽돌을 만드는 노예들을 표현한 이집트 벽화(기원전 1500~1450)
틀을 사용하여 벽돌의 모양을 만들고 꺼내어 건조하는 작업에 이르기까지 상세하게 묘사되어 있다.

에 기록되지는 않았지만 관습적으로, 입에서 입으로 전해지는 규정들이 생겼다. 이 규정들이 수집되어 '할라카^{Halakha}'라는 규정집으로 편집되었다.

현대인들에게 필요한 쉼의 규율

처음에 유대사회에서 제정된 안식일은 오로지 쉬는 것에 방점을 두고 있었지만, 그날 무엇을 하고 무엇을 하지 말아야 할지에 대한 규율이 점차 추가되었다. 단순히 휴일을 지키는 것을 넘어 휴일에 해야 할 구체적인 것들까지 규정해놓고 지키고 생활화하기에 이른 것이다. 안식이라 하면 그저 편히 쉬면 되는 건데, 무슨 규율이 그리 필요할까 하는 생각이 들 수도 있다. 사람들은 사회적으로나 경제적으로나 성공하고 싶은 욕망에 휩싸여 일에 몰두하는 경우가 많다. 그러다 보면 쉼을 놓치고 건너뛰기 일쑤이다. 실패할까 봐 두려운 마음에 일을 놓지 못하고, 불안감을 잊기 위해서 일에 빠져드는 일중독도 발생한다. 그래서 쉼을 준수하고 쉼을 잘하기 위한 규율이 필요해진 것이다.

사람들의 의지는 그리 강하지 않다. 뜻있고 보람 있는 것이 있어도, 우선은 평소 습관에 따라 마음 가는 대로 행동한다. 갖은 핑계를 대며 운동을 하지 않을까 봐 일부러 비싼 피트니스 센터 회원권을 끊거나, 불참하면 페널티가 부과되는 동호회처럼, 규율을 만들어놓아야 타성에 젖지 않은 휴식을 취할 수 있다. 휴일을 의미 있게 보내는 것은 쉬운 일이 아니기에 규율을 정해서 지킨다는 결심이 필요하다.

자영업자들은 하루라도 문을 닫으면 어려워지는 사정이 있어 휴일을 지키기 어려울 수 있다. 회사원들이라고 해도 휴일을 규율로 만들어놓지 않으면 제대로 쉬지 못하고, 쉬는 것도 아니고 안 쉬는 것도 아닌 어정쩡한 날이 되기 쉽다. 그래서 일주일에 하루 이틀은 분명하게 쉬겠다는 결심으로 휴일의 규율을 정해야 한다.

물론 너무 세세하고 엄격하게 규율을 세우는 건 문제가 될 수 있다. 규율은 그 자체를 위한 것이 아니라 자기 자신을 위한 것이다. 그렇지만 마음대로 규율을 어기기보다는 꾸준하게 정해진 방향대로 나아가야 할 것이다. 그 규율은 힘들지만은 않다. 누가 강제로 하라는 게 아니고, 자기가 스스로 정하고 실행하는 자유로운 선택이기 때문이다. 그래야 즐겁고 행복하게 따

를 수 있다. 더구나 그런 실행을 통해서 자신이 보다 성장하고
성숙해지는 것을 보며 보람을 느끼고, 스스로 자랑스럽게 생각
할 수도 있다. 쉽은 기쁜 마음으로 기꺼이 지킬 수 있는 규율이다.

"그 어떤 것도
생각나지 않을 만큼
즐거운 상태"

█ 일상의 불안을 해소하는
█ 놀이와 섹스

평일보다 즐거운 휴일을 위해

휴일은 말 그대로 쉬는 날이다. 그래도 쉬기만 하는 건 아니고 평일에 할 수 없는 집안일이나 스포츠, 놀이, 여행, 종교생활 등도 한다. 직장과 업무, 사업상의 염려나 스트레스를 깨끗하게 내려놓고 가족, 친지, 친구 들과 함께 시간을 보내기도 한다. 그런데 휴일에도 사업 관계자들을 만나거나, 아예 출근을 하고 평일과 별 다를 바 없이 보내는 사람들도 있다. 그래서 휴일에 무엇을 할지 정해놓는 게 필요하다. 자신에 대한 약속이고, 규율이다.

제대로, 잘 쉬겠다고 마음먹었지만 구체적으로 어떻게 해야 할지 모를 때가 있다. 또 일을 하지 않고 쉬는 것 자체에 불안을 느끼며 쉬어도 쉰 것 같지 않을 때가 있다. 대체로 쉼이란 것을 제대로 경험해보지 않은 경우에 그렇다. 스포츠 경기를 위해 정해진 폼과 동작을 하나하나 차근차근 몸에 밸 때까지 훈련을 거듭하는 것처럼 쉼에도 훈련이 필요하다. 특히 막연하게 쉬겠다고 했을 때 달리 할 게 없어 평일처럼 일을 하며 보내는 사람들에게 필요한 것이다.

그렇다면 휴일에 무엇을 하면 좋을까? 휴일에 할 일은 평일에 하는 일보다 더 즐겁고 흥미 있는 일이어야 한다. 휴일이 평일보다 더 재미없고 지루하다고 생각해보라. 차라리 회사에 나가는 걸 선호하지 않을까? 휴일은 일주일에 한두 차례밖에 없기 때문에 그 자체로 기대가 되고 색다른 일도 꾸밀 수 있다. 그러니 진정한 쉼을 위해서는, 휴일에 일을 하지 않기 위해서는 즐겁고 기쁘고 행복한 걸 해야 한다. 즐거운 일들을 놓치지 않고 해야 월요일을 미련 없이 맞이하고, 새로운 기분과 의욕으로 출근할 수 있다. 다음 주말을 기대하면서 말이다. 놀 때 충분히 잘 놀아야 열심히 일할 수 있고, 열심히 일한 보상으로 또 잘 놀수 있다. 그런 패턴이 자리 잡을 때 건강하고 개운한 생활을 영위한다. 그렇게 해야 성공도 하고, 또 바로 그 자체가 성공이다.

그래서 나는 즐거운 놀이와 섹스 같은 것을 제안한다. 놀이와 섹스보다 더 즐거운 게 있을까? 굳이 하지 않아도 될 것만 같은 제안을 하는 건 놀이나 섹스가 쉼을 저해하는 불안 요인을 해소하는 데 도움이 되기 때문이다.

리비도 충족으로 불안을 해소하기

앞에서 쉼을 저해하는 요인으로 불안을 제기하고 설명했다. 사회적 불안, 거세 불안, 초자아 불안을 이야기했는데 하나 빼놓은 게 있다. 본능의 억압에서 생겨나는 불안이다. 본능이라고 했지만 프로이트의 용어로 말하자면 '리비도'이다. 불안은 리비도가 억제될 때 생기는 느낌이다. 리비도는 본능적인 충동, 욕동, 강한 심리적 에너지이다. 리비도는 아주 어려서부터 쾌감 plaisir을 추구하는 쪽으로 분출된다. 아기들이 젖을 빠는 건 젖을 먹기 위해서만이 아니라 구강의 쾌감을 위해서이기도 하다. 리비도는 기본적으로 성적^{性的}이다. 성감대는 구강기, 항문기, 성기기를 거치면서 이동하고 발달한다. 리비도는 몸의 그런 특정 부위들과 결합해서 표출되고 충족된다. 리비도가 억압되거나 만족되지 못할 때 불안이 발생한다.

리비도는 기본적으로는 성적이지만, 대상이 바뀌거나 승화되면서 다양한 방향으로 나아갈 수 있다. 물욕이나 권력욕, 명예욕 등 여러 욕망으로 변환되는 것이다. 이 욕망들이 충족되지 못하면 불안이 발생할 수 있다. 성적인 것뿐만 아니라 욕망의 대상이 되는 모든 것에 대해 좌절할 때 불안이 생겨난다. 이는 다시 욕망의 대상에 집착하게 하고, 그만큼 쉬지 못하고 일에 매달리게 만든다. 과도한 욕망도, 불안도 모두 자유와 여유, 편안한 쉼을 저해하는 요인이 된다.

리비도의 만족은 일차적으로 섹스같이 성적인 행동으로부터 온다. 섹스는 혼자 하는 게 아니라 누군가와 함께한다. 섹스는 관계의 일부이다. 관계를 만들어가는 작업은 자신의 업무와 무관하기 때문에 그 자체가 일에서 빠져나오게 한다. 섹스는 일과 생활에 변화를 준다. 일 아닌 일에 매달리게 함으로써 자연스럽게 일을 그치게 된다. 쉼과 휴식은 그렇게 해서 이뤄진다.

아울러 섹스가 불안에서 빠져나오는 통로가 될 수 있다는 점을 말하고 싶다. 물론 모든 불안에 대해서는 아니고, 성격에 따라 다른 접근이나 치료가 필요할 수 있다. 하지만 불안이 리비도의 억압과 긴장에서 발생한다면 리비도를 풀어주는 것이 방법일 수 있다. 가장 직접적이고 일차적인 게 성행위이다. 특별한 뜻이 있어 금욕을 선택한 사람이 아니라면, 사랑을 하고 성교를 나누는 게 자연스럽기도 하고 권장할 만하기도 하다. 성행위를 통해 만족하고 쾌(락)를 경험하면서 불안감도 줄어들게 되고, 일이나 직업적 성취 외의 즐거움도 알아나가게 된다.

사람들은 오랫동안 성을 억압하는 성향을 보였다. 빅토리아 시대로 대표되는 근대의 문화가 그랬는데, 프로이트가 활동했던 때는 그런 문화적 특징이 여전히 강력했다. 프로이트는 자신의 히스테리 환자들에게서 그런 성향을 발견했다. 히스테리가 성에 대한 거부감, 혐오, 수치심, 두려움, 죄책감 같은 것으로 나타났던 것이다.[6] 근대를 넘어 성만이 아니라 모든 것에 대해 개방적이고 자유로운 지금도 성에 대한 터부는 남아 있다. 개인적이든 문화적이든 히스테리의 뿌리가 그만큼 깊고 넓다는 의미이다.

물론 꼭 섹스로만 리비도의 만족이 이루어지는 건 아니다. 놀이를 말했던 까닭이다. 리비도의 충족은 간접적·우회적으로도 가능하며, 다른 방식으로 만족시키거나 승화시킬 수 있다. 어린아이들부터 어른들까지 이런저런 놀이도 리비도 충족의 수단이다. 스포츠, 문화, 예술 활동도 마찬가지이다. 즐겁게 만나고, 놀고, 운동하고, 창작 행위 등을 함으로써 리비도를 충족시켜 불안을 잠재우고 극복할 수 있다.

리비도가 적절하지 않게 충족될 경우

덧붙여야 할 것이 있다. 리비도의 충족이 오히려 불안을 일으킬 수도 있다는 점이다. 리비도가 지나치게, 또는 적절하지 않게 충족될 경우이다. 거세 불안과 초자아 불안에 관계되는 이야기이다. 거세 불안은 오이디푸스 시기에 엄마와의 애착 관계에 대한 것으로 만족한 주체가 아버지를 대표로 하는 외부의 개입(거세)을 예감하는 데서 발생한다.[7] 거세 불안은 거세되는 데 대한 불안이기도 하지만, 앞에서 말한 주이상스에 대한 초자아의 지나친 금지로 인한 것이기도 하다. 리비도를 충족시킨 자기가 초자아의 강한 비난과 징벌을 두려워하는 것이다. 심해지면 그 비난과 징벌 자체에서 쾌를 추구하는 '편집증적 자기징벌'(라캉)로까지 갈 수 있다. 초자아의 주이상스 금지는 주체로 하여금 그것을 위험한 것으로 여기게 하고, 자신을 방어하고 보존하는 선택을 하게 한다. 가령 바깥에서 만나게 될 위험을 과장하는 초자아는 외출 자체를 기피하게 할 수 있다. 그런 것들이 초자아가 야기하는 불안이고, 근원적으로는 오이디푸스 시기에 아버지의 금지와 법으로써 만들어진다. 그래서 '초자아 불안'이라는 것이다. "(초자아의 대행자로서) 자아는 이드[Id]의 과도한 주이상스를 불안해 한다. 불안은 자신의 이드의 부적절한 주이상스에 대한 자아의 응답이다."[8] 이런 점을 이해하면 리비도의 충족을 두려워하거나 그에 대해 소극적이 되는 자신을 발견하고 극복해갈 수 있다.

초자아 불안은 도덕적인 성격으로 야기되기도 한다. 리비도가 부적절한 방식으로, 사회적으로 받아들여지기 어려운 방식으로 만족될 때이다. 양심의 거리낌, 처벌에 대한 불안이 그렇다. 욕망을 성취했어도 외부의 비난이나 처벌에 대한 두려움이 불안으로 작용한다. 그래서 리비도 충족이 다가 아니라 어떻게 충족하느냐도 생각해야 하는 것이다.

사회는 수많은 개인이 서로 자기의 욕망을 채우고자 경연을 벌이다시피 하는 곳이다. 그래서 질서와 안전과 평화를 유지하기 위해서 법과 규율, 도덕 같은 것이 존재한다. 그런 장치들은 개인들의 욕망이 정도를 넘어서거나 벗어나지 못하도록 억제하고 처벌하기도 한다. 리비도의 만족, 욕망의 성취를 섹스든 놀이든 용인되는 범위에서 하는 것이 부작용을 피하고 새로운 불안을 방지하는 길이다.

"인생이라는
학교에서
'공부'하자"

▌진짜 삶을 배우고
성찰하는 시간

휴일에 공부가 필요한 이유

헤셸은 안식일이 단지 쉬는 날이 아니라 "생명을 위해 있는
날"이라고 했다."⁹ 안식일은 노동을 중단하고 다음 번 노동을
위해 힘을 비축하는 날로만 있지 않고 자신을 포함한 인간과 자
연의 생명 전체를 위해 무엇인가를 하는 날이라는 의미이다. 인
간의 생명은 단지 일만이 아니라 생명 그 자체의 풍요와 균형과
건강을 지향한다. 생명은 개별적이기도 하지만 집단적이고 자

연적이며 또한 우주적이기도 하다. 이런 점에서 '온 생명'이라 불릴 수 있다. 그리고 모든 개별적인 생명은 그 온 생명의 안정과 평화 속에서만 지속적으로 잘 영위될 수 있다.

휴일은 인간 본연의 삶, 생명을 위해 존재한다. 일로부터 자유를 찾고, 또한 생명을 위한 자유, 참 삶을 향한 자유를 추구하는 날이다. 그래서 휴일에는 삶을 생각한다. 그 삶을 사는 자신을 생각하고, 자신을 포함해서 수없이 많은 이웃 존재들의 생명과 삶을 생각한다. 그 삶들이 함께 얽혀 만들어내는 큰 생명, 온 생명을 생각하고 그 안에서의 자신을 성찰한다. 온 생명에 맞닿은 삶을 이해하고 실제로 그런 삶을 살며 자신의 이야기를, 역사를 만들어간다. 이게 휴일에 할 수 있고 해야 하는 일이다.

삶이란 우주자연 안에서의 삶이고, 사회 안에서의 삶이고, 관계 안에서의 삶이다. 삶들이 다 따로 있는 게 아니라 서로 연결되어 의존하고 있다. 그래서 삶은 크게 하나이기도 한 삶이다. 인간은 수많은 타자 속에서, 그 타자들과 서로 돕고 도우면서 살아간다. 아무도 누군가의, 무엇인가의 지원과 지탱 없이는 살아갈 수도, 존재할 수도 없다. 나 자신은 누군가에게 어떤 도움을 받고 도움을 주는 존재이다. 인간만이 아니라 다른 생명체들도 마찬가지이다. 존재하는 모든 것은 모두 서로 직·간접적으로 관계를 맺고, 그 관계에 의존하고 있다. 따라서 관계가 중요하다. 어떤 관계냐에 따라서 삶의 질이, 생명의 건강성이 좌우된다.

삶을 위하고 관계를 위하는 일은 저절로 되지 않는다. 학교나 사회에서 따로 가르쳐주지도 않는다. 중고등학교에서 도덕이나 윤리 같은 수업을 잘 들으면 배울 수 있지만, 대개 그런 중요성을 모르고 입시와 별 관련 없는 과목인 탓에 건성으로 지나치기 마련이다. 가정에서도 대부분 국영수 같은 입시 공부에 집중할 것을 강조할 뿐 이런 삶의 근본적인 문제는 뒷전이다. 대학 교양과정도 인간 삶의 근본과 통하는 '문사철'로 대표되는 인문교양 비중은 축소되고, 각종 어학과목들과 자기계발, 진로탐색, 취업, 자격증 관련 과목으로 가득하다.

이런 한계와 문제점을 보면, 휴일에는 자기 스스로 사유와 공부의 주체가 되어야 한다는 생각이 든다. 요즘 직장인이나 사회인들이 공부라면 토익이나 자격증을 떠올리는 실정에서 이런 제안이 어이없을지도 모르겠다. 그만큼 삶이 절박하다는 걸 이해한다. 그러나 하나밖에 없어 더욱 놓칠 수 없는 자신의 생명을 위해서, 내가 살아갈 이 사회와 세계를 위해서는 당장의 필요와 목표와는 거리가 있어도 해야 할 공부들이 있다. 이런 공부에는, 대학에서 필수과목들이 있듯이, 꼭 포함되어야 할 것들이 있다.

나를 알아가는 공부

우선 나를 알고 발견하는 공부이다. 자기 자신을 아는 것은 아무리 강조해도 지나치지 않다. 자기성찰, 자기반성 이런 게 왜 필요할까? 사람들은 대부분 자기 자신을 모르기 때문이다. 알아도 피상적으로만, 부분적으로만, 알고 싶은 대로만 아는 경우가 많다. 진짜 자신 안에 숨겨진, 알고 싶지 않고 인정하고 싶지 않은, 그래서 부정하거나 무시해버리는 자기 자신이 있을 수 있다.

정신분석에서 말하는 무의식을 봐도 알 수 있지만, 자기도 모르는 새에 자신을 지배하고 결정하기도 하는 낯선 '나'가 있다. 그걸 모르면 자신이 겪는 고통과 불행, 불안, 장애를 극복하지 못하고 문제의 원인을 바깥에서 찾고 남들에게 돌리게 된다. 이를테면 관계에서 문제가 생기면 잘못은 상대에게 있고 상대가 고쳐야 한다고 말하는 경우가 있다. 서로에게 탓을 하는 상태니 문제가 해결될 리 없다. 자기 자신을 정직하게 들여다보고 내 안에 있는 문제를 인식하고 인정해야 한다. 그래야 문제에서 벗어날 길이 열리고 관계도 개선할 수 있다.

자기 자신을 알아가고 공부할 수 있을 때는 언제일까? 매일 일정한 시간에 하는 게 좋겠지만, 차분히 자기만의 시간을 확보할 수 있는 휴일보다 좋은 때는 없다. 휴일에 자기 자신을, 더 넓게는 인간을 이해하는 공부를 하는 것이다. 철학과 종교, 심리학, 정신분석학 같은 공부가 그런 범주에 속한다. 중요한 건 어떤 방식으로든, 어떤 분야에서든 문제의 중요성을 알고 적극적으로 시작하는 일이다.

이런 공부는 단지 지식으로만 남으면 안 된다. 나를 알고 발견하는 건 그 자체가 목적이 아니라, 그것을 넘어 자기 삶의 변화를 일으키고 새로운 자신이 '되어감'을 위해서이다. 그래서 마음으로 받아들이는 공부, 몸으로 생활로 실천하는 공부이다. 마음에 새기고, 의지를 북돋고, 실제로 애써서 노력하는 데까지 나아가지 않으면 그저 머리에 남아 있는 지식에 불과할 따름이다. 아는 데서 그치는 게 아니라 느끼고, 받아들이고, 바꾸며, 사는 게 중요하다. 자기 자신을 알고 느끼면서 부족한 건 보충하고, 잘못된 건 고치고, 좋은 건 더 좋게 다듬어가는 일이다. 그렇게 해야 나뿐만 아니라 주변 관계도 좋게 만들고, 많은 이에게 긍정적인 영향을 미칠 수 있다.

사회와 문화를 알아가는 공부

개인이든 보편적 인간성이든 사람을 아는 것만으로는 충분하지 않다. 사회와 사회적 관계들, 그리고 그 속에서 겪는 나를 포함한 사람들의 불안과 고통, 무수한 불행을 볼 수 있어야 한다. 사람들이 부닥치는 문제는 개인의 영역을 넘어선 경우가 많다. 사회적이고 구조적인 데 뿌리를 두고 있기 때문에 나 혼자 달라진다고 해서 해결되지 않는다.

인간은 사회에서 만들어지기도 하지만, 또한 사회를 만들어가기도 한다. 사회를 어떻게 생각하고, 사회와 어떻게 관계를 맺고, 사회에서 어떻게 사느냐에 따라서 사회가 달라진다. 우리 사회를 사랑하고 좋게 할 책임감을 가져야 하는 까닭이 여기에 있다. 따라서 사회를 이해할 수 있는 역사와 경제, 정치, 사회학 등에 대한 공부가 필요하다.

역사는 인류가 살아온 과정을 보게 함으로써 오늘의 인간과 사회를 이해하게 해준다. 역사는 되풀이된다는 말도 있지만 오늘의 문제는 이미 어제 있었던 것들이다. 연루된 사람들이 다르고 양상이나 장소가 다를 뿐, 본질적으로는 동일한 일이 되풀이되고 있다. 그래서 역사를 보면 우리가 지금 겪고 있는 일들의 원인, 과정 그리고 결과를 짐작할 수 있다. 그러면서 나쁜 결과를 피하고 좋은 결과를 이끌어낼 지식과 지혜를 얻는다. 역사를 통해 과거로부터 배우지 못하면 그동안 실행했던 무수한 실책과 시행착오를 그대로 답습하는 우를 범할 수밖에 없다.

경제는 인간과 사회 모든 것의 기초가 되고, 또한 결정적이기도 한 분야이다. 그도 그럴 것이 인간 자체의 생존이 바로 경제에 달려 있다. 개인의 경제도 중요하지만, 개인경제의 바탕이자 구조를 이루는 사회경제, 세계경제도 못지않게 중요하다. 사회경제가 어떤지에 따라서 개인경제가 좌우된다. 개인이 아무리 힘쓰고 노력해도 사회의 경제구조가 불공정하면 보잘것없는 소득으로 만족해야 하고, 사회경제 구조가 공정하고 합리적이라면 개인들이 노력한 결과에 따라 만족할 만한 소득을 얻을 수 있다. 나의 경제를 고민하는 만큼 사회경제와 경제적 역학관계에 관심을 기울여야 한다.

정치가 빠질 수 없다. 사회를 구조화하는 아주 기본적인 게 법과 정치이다. 그래서 정치를, 특히 헌법과 민주주의를 배워야 한다. 사회를 운용하는 게 정치인데, 정치인들이 어떻게 하느냐에 따라서 사회의 운명이 달라진다. 정치인들은 국민의 대리인이므로 시민들의 정치의식과 정치행위, 직간접적인 참여, 특히 투표가 중요하다. 올바른 정치를 선택하기 위해서 정치권력의 생태계를 알아야 하고, 내세우는 명분과 뒤에 숨은 목표 사이의 괴리도 읽을 줄 알아야 한다. 그렇게 정치를 알아갈 때 우리 사회를 보다 자유롭고, 공정하고, 행복하게 만들 수 있다.

이외에도 공부해야 할 것은 많다. 문학과 예술도 빼놓을 수 없다. 삶과 사회에는 아름다움의 차원이 있다. 사람들의 모둠살이인 사회의 고유한 아름다움은 구성원들의 분위기, 그들이 만들어내는 문화가 크게 작용한다. 이런 건 하루아침에 되지 않는다. 그 사회의 구성원들이 삶을 사랑하면서 내면의 깊이와 품성을 가꾸는 과정에서 만들어진다. 음악이나 미술 같은 예술을 사랑하고 많이 하는 것도 필요하지만, 대중의 일반적인 삶의 방식 혹은 욕망의 표현방식들에도 주목해야 한다.

사람들이 관계에서나 사회에서 쓰는 언어와 표현들이 중요하다. 직접적이기보다는 우회적으로 유머와 레토릭, 표정과 제스처까지도 쓸 줄 아는 능력이 필요하다. '단도직입적'인 걸 좋아하는 사람들이 많다. 빠르고 효과적이지만, 말들이 다 그런 식이면 모든 것이 단순해지고 생각하고 연상하는 힘을 기르지 못한다. 복잡하고 풍성하며 다양한 삶을 섬세하고 세련되게, 혹은 재미있게 표현할 줄도 이해할 줄도 모른다. 말이나 표현은 단순한 기능이 아니다. 그 자체로 예술이고 아름다움이며 사람들을 즐겁게, 행복하게, 감탄하게도 한다.

사람이 목표 지향적으로 살 때도 있다. 하지만 기본적으로는 자유롭고 여유롭게, 결과만이 아니라 과정에도 의미를 두는 삶이 중요하다. 누구나 다 욕망을 가지고 있고 욕망을 이루고 싶어 한다. 그러나 욕망 충족이 자기만이 아니라 남들에게도 좋고 도움이 되는 방식이 있다. 자기 안의 감정이나 충동, 욕망을 생기는 대로 표출하지 않고, 상대와 주변 사람들을 존중하고 배려하면서 자기만이 아니라 누구나, 또는 사회가 받아들이고 좋아할 수 있는 방식으로 '승화'시키는 것이다. 그런 삶의 양식이 문화라고 생각한다.[10]

그렇게 문화적인 삶을 키워갈 때, 사람들은 생면부지의 누군가를 만나더라도 서로를 존경하고 믿을 수 있게 되며 보다 긍정적인 관계를 만들어나갈 수 있다. 이런 관계를 만드는 힘은 겉이 아닌 사람들의 내면에서 우러나오는 것임은 두말할 나위 없다. 다시 말해 내면의 아름다움의 표현이다. 내면의 아름다움과 품성을 위해서 자기 성찰과 공부는 언제나 필요하다. 뿐만 아니라 좋은 음악과 미술, 문학, 영화와 연극을 즐기는 문화생활도 해야 한다.

"고독과 우울을
치유할
최선의 방법"

모임으로 지속적인 쉼의
환경 만들기

일 없는 모임이 가장 즐겁다

신경림 시인은 〈파장罷場〉에서 "못난 놈들은 서로 얼굴만 봐도 흥겹다"고 했다.[11] 시인이 못난 놈 잘난 놈 구별하려 한 건 아니겠지만 잘난 놈들도 마찬가지이다. 대체로 사람들은 서로 만나는 것을 반가워하고 즐거워한다. 시골 장바닥 국밥집에서건, 호텔 뷔페에서건 반가운 사람들의 웃음소리, 떠드는 소리는 다르지 않다. 서로 보는 걸 좋아하고 모이는 걸 즐거워하는 건 사람들의 천성이다.

즐겁지 않은 모임이 있기는 하다. 공적인 모임이다. 회사와 일에 관련된 모임이다. 그런 모임은 긴장되고 부담스럽기도 하다. 어떤 목적을 가지고 모이고, 거기서 해야 할 과제가 떨어지기 때문이다. 회식도 마찬가지이다. 점차 회사 밖에서까지 모이고 어울리는 걸 좋아하지 않는 분위기이다. 퇴근이 늦어지는 것일 뿐이라는 생각을 하는 사람이 많을 것이다.

결국 업무와 무관한 만남, 일이 끼어들지 않는 모임이라야 마음 편하게 즐길 수 있다는 이야기다. 휴일에 만나고 모이는 것도 그런 종류가 아니라면 쉼이 아니라 업무의 연장이다. 휴일이 말 그대로 휴일이기 위해서는 편안하고 부담 없이 만나 시간을 보낼 수 있어야 한다. 평일에는 아침 일찍부터 저녁 늦게까지 과중한 업무로 힘들고 재미없게 지냈다면, 휴일에는 쉽고 즐겁고 재미있게 보내야 하지 않겠는가. 평일에는 일로 짜인 조직의 사람들을 긴장하며 만났다면, 휴일에는 일과 관계없는 사람들과 편하게 만나 웃고 떠들며 스트레스를 풀어야 한다. 공적이 아닌 사적인 모임, 그냥 하고 싶었던 걸 하는 모임, 취미나 필요를 공유하는 사람들 사이의 모임이 그런 걸 가능하게 해준다.

모임은 쉼을 가능케 한다

모임은 그 자체로 즐겁다. 하지만 의도적으로도 모일 필요가 있다. 너무 강한 의도를 가지면 그 자체가 일이 되겠지만, 그렇지 않은 범위 내에서라면 열심히 모이는 게 좋다. 쉼을 위해서, 지속적인 쉼의 환경을 마련하기 위해서이다. 모임과 쉼은 밀접한 관계를 가지고 있다.

첫째, 사람은 사회적이고 공동체적인 동물이다. 사회도 공동체이지만, 공동체라고 할 때는 서로에 대해 보다 더 밀접한 유대와 책임의식이 있음을 말한다. 서로 책임을 지고 결속된 공동체는 마치 든든한 울타리가 있는 집과 같아서, 그 속에서 사람들은 마음 놓고 쉴 수 있다. 사회가 더 공동체적이 되어야 할 이유이다. 공동체는 추상적이거나 이념적인 게 아니다. 크고 작은 실제 모임이다. 볼 수 없고 함께 모일 수 없는, 엄청나게 큰 사회 공동체도 주변의 크고 작은 수많은 실제 모임들, 소소한 공동체들의 연장이자 총합일 따름이다.

모임은 생각보다 쉽게 지속되지 않는다. 자꾸 모여야 모일 수 있다. 계속 사람들을 만나고 모이고 즐거움을 나누어야 모임이 체득된다. 그렇게 모이고 나누면서 사람들 사이에 공통점이 생기고 공동의 생각과 목표, 방향도 만들어진다. 서로 간에 신뢰와 우정, 결속력도 싹터서 공동체가 형성되는 것이다. 그래서 함께 모이는 것의 중요성은 아무리 말해도 지나치지 않다. 모이는 것 자체가 공동체지만, 또한 거대한 인간 사회를 보다 더 공동체적으로 만들어가는 과정이다. 그렇게 공동체가 될 때 사람들은 사회에 대한 애정과 소속감을 가지고 다른 사람들과 연합해서 큰 힘을 발휘할 수 있다.

쉼을 저해하는 욕망과 불안의 문제도 공동체 안에서 해소된다. 공동체 안에서라면 굳이 욕심을 부릴 필요도 없고, 생존이나 실패에 대한 불안도 줄어든다. 과도한 노동에서 오는 피로감에서 벗어나 편안한 쉼과 자유로운 여가를 마음껏 즐길 수 있게 된다.

둘째, 사람은 한계가 있고 약점도 있다. 의지도 그렇게 강한 편은 아니다. 휴일에 쉬고, 하고 싶은 걸 하고, 모임에도 나가는 것 등 모두 의지가 뒷받침되어야 지속된다. 이 의지가 지속되도록 뒷받침해줄 수 있는 게 모임이다. 혼자일 때는 금방 결심이 약해지고 더 편하고 당장 좋은 일의 유혹을 이기기 어렵다. 처음에는 의욕을 갖고 시작해도 오래 가지 못하고 그만두는 일이 많다. 그래서 서로 독려하고 의지를 북돋으면서 할 필요가 있다. 혼자서도 할 수 있지만, 다 함께 모여서 하면 훨씬 더 효과적이고 즐겁다. 쉼에도 규율이 필요한데, 규율이 있어도 지키지 않으면 허사다. 쉼과 쉼이 지속적으로 가능한 환경을 모임으로 조성할 수 있다.

바람직한 모임의 조건

그러나 모임이 다 즐겁고 좋기만 하지는 않다. 기대를 가지고 나갔는데 오히려 상처를 받고 나간 걸 후회하기도 한다. 휴일에 놀고 즐기기 위해서 사람들을 만났는데, 재미도 없고 오히려 스트레스를 받는다. 직장에서도 그랬는데, 휴일 모임에서도 그런다면 그 모임은 더 이상 지속되기 어렵고 모임이 주는 즐거움과 흥겨움도 느낄 수 없다. 실제로 이런 이유로 가족들 간의 모임마저도 기피하는 사람들이 있다. 개인의 문제일 수도 있지만, 모임 자체가 잘못되어서 그럴 수 있다. 그래서 모임이 없어지기도 한다. 모임이 잘되고 안 되는 차이는 어디서 비롯되는 걸까? 어떻게 하면 잘되고 어떻게 하면 잘 안 되는 걸까? 세 가지 정도를 말할 수 있을 것 같다.

먼저, 모임이 잘되려면 구성원들의 자유와 자발성이 존중되어야 한다. 모임마다 대개 회장과 총무가 있어서 모임을 잘 꾸려 나가려고 독려하고 재촉하기도 한다. 회칙을 정하고 회비도 걷고, 좋은 일이라는 명분으로 일거리를 만든다. 필요한 일이기도 하지만, 기본적으로는 구성원들의 자유의사와 자발성에 토대를 두어야 한다. 휴일의 모임은 대부분 사적인 모임이고 임의 단체이다. 어떤 법적 규제나 의무가 있는 게 아니다. 그래서 모임을 조직하고 통솔·관리하려는 것보다 구성원들의 만족감을 높이는 게 우선이다. 부담이나 의무가 많으면 그만큼 재미는 줄어든다. 더 이상 휴일의 모임이 아니라 일과 관계된 평일의 모임처럼 되는 것이다.

또한 모임 구성원을 인격적으로 대하고 서로를 좋아하는 인간애가 있어야 한다. 모임 안에 나이나 어떤 이유로 은연중에 위계질서를 세우는 경우가 있다. 어떤 조건을 보고 사람을 높이거나 낮추고 가까이 하거나 멀리하기도 한다. 끼리끼리 모이고 차별하거나 배제하기도 한다. 이런 모임은 잘될 수 없다. 모두 동등한 인격체인만큼 서로 인정하고 존중해야 한다. 혹시 별난 사람이 있어도 관용을 가지고 받아주는 마음도 필요하다. 사람을 모임을 위한 수단이 아닌 목적으로 여기는 모임, 서로 인정하고 중요하게 여기는 모임이어야 잘되고 오래간다.

　끝으로 모임을 한두 사람이 좌지우지하려고 하지 않아야 한다. 사람들이 모이면 모임을 주도하고 통솔할 회장과 임원을 세운다. 그래야 모임이 조직력을 갖추고 지속될 수 있다. 꼭 회장, 총무가 아니어도 좀 더 적극적으로 나서는 사람들도 있다. 공식적인 리더가 아니어도 모임을 주도하려는 사람들이다. 모임에는 그런 사람들이 필요하고, 그런 역할을 하는 사람들 덕분에 모임이 활성화되기도 한다. 그러나 어떤 임무나 역할을 맡았는지와 상관없이 목소리가 큰 사람이 힘을 발휘하려고 하면 곤란하다. 모임에서 자신이 중심이 되려고 하면 다른 사람들을 중심에서 배제할 수 있다. 자신이 다 하려고 하면 다른 사람들의 참여를 제한할 수 있다. 휴일의 모임은 평일의 모임과 달라서, 어떤 강한 목표를 가지고 힘을 결속해서 성과를 거두려는 게 아니다. 어디까지나 부담 없이 편하고 즐겁게 하는 게 기본이다. 사람들은 누구나 중심이 되고 최고가 되는 걸 좋아한다. 남들의 인정을 받고 주목도 받고 찬사를 받는 것도 좋아한다. 휴일의 모임은 그럴 수 있는 좋은 기회이다. 그렇게 좋은 기회를 한두 사람이 독차지하기보다는 모든 구성원이 골고루 누리는 게 좋다. 그래서 때로는 중심을 차지하고 중요한 역할을 하지만, 때로는 다른 사람들이 그럴 수 있도록 비켜주고 박수쳐줄 줄도 알아야 한다. 사람들이 다 그런 마음으로 돌아가면서 중심이 되고 리더가 될 때 모임이 잘 안 될까 하는 걱정과 염려도 사라진다.

모임은 현대 개인주의 사회에 대한 훌륭한 대안이고, 개인들의 고독과 우울을 치유할 최선의 방법이다. 현대문명은 도시사회를 중심으로 이루어지고 있다. 도시 안에는 무수히 많은 사람이 있지만 다 파편화된 입자처럼 살아간다. 관계가 없지는 않지만 최소한으로만, 그리고 필요에 따라서만 맺을 뿐이다. 침해받는 것을 싫어하고 자기도 남들에게 상관하지 않는다. 같은 아파트에서도 누가 누군지 모른다. 회사 안에서도 사무적인 관계 이상의 동료애나 우정을 기대하기 어렵다. 편하고 자유로운 건 있지만 외롭고 고독하며 불안하다. 우울증이나 결벽증 혹은 혐오 문제도 생긴다. 심한 고독과 불안으로 잠 못 이루고, 물론 제대로 된 쉼이나 안식도 얻지 못한다. 이승의 끝없는 번민을 벗어나고자 생을 저버리기도 한다. 그런 사람들에게 모임이, 자유롭고 따뜻해서 비로소 마음을 놓고 쉼과 평안, 위로를 얻을 수 있는 모임이 필요하다. 휴일의 모임은 그 첫걸음이면서 또한 쉼 자체이고, 쉼의 약속이다.

"휴일에
인터넷은 꺼두셔도
좋습니다"

▮ 디지털 디톡스로 취하는
완전한 휴식

인터넷 혁명이 일으킨 변화

사람들은 휴일에 무엇을 하며 시간을 보낼까? 아마 대부분 스마트폰이나 태블릿 PC로 영상을 보거나 게임을 하는 등 인터넷을 이용하는 시간이 절대적일 것이다. 실제로 주 52시간 근무제 도입으로 여가 시간이 늘어나자 미디어 소비에 쓰는 시간이 61.1%로 제일 많았다고 한다. 이 중 스마트폰 이용이 45.1%로 가장 많고 컴퓨터 이용도 16.3%나 됐다.[12] 새삼스럽지만 디지털 시대를 살아가고 있다는 걸 실감하게 된다.

인터넷의 등장은 엄청난 변화를 가져왔다. 인터넷 혁명이라 할 정도이다. 컴퓨터를 거쳐 스마트폰과 태블릿 PC로 디지털 기기가 진화하면서 업무에 국한됐던 인터넷이 생활 깊숙한 곳까지 파고들었다. 인터넷 안에서 모든 걸 다 하는 시대라고 할 만하다.

우리는 수시로 스마트폰이나 컴퓨터로 인터넷 세계에 접속한다. 늦은 밤까지 스마트폰을 보다 잠이 들고, 아침에 눈을 뜨자마자 스마트폰부터 집어 든다. 출퇴근길도 스마트폰 삼매경이고, 낮에도 일이나 공부로 강제된 시간 외에는 인터넷 속으로 빠져든다. 이제는 일을 안 하는 휴일에 인터넷을 쓰는 시간이 더 길 정도로 인터넷은 우리의 일상을 지배하고 있다.

인터넷이 쉼에 미치는 부정적 영향

인터넷을 하는 게 쉬기 위해서라고 강변할 수 있다. 실제로 인터넷을 하며 머리를 식힐 수 있고, 아날로그 시대에는 상상도 못했던 효용을 얻기도 한다. 이점과 재미가 크다는 걸 부정할 수는 없다. 하지만 그만큼 부작용도 크다는 게 문제다. 특히 쉼과 관련해서 그렇다.

첫째, 과다한 사용량이다. 뉴스든 광고든 유튜브든 인터넷의 알고리즘은 내가 관심 있고 필요한 걸 계속 노출시켜서 어떻게든 붙잡아두려고 한다. 그래서 한번 인터넷에 접속하면 한두 시간은 금방 간다. 얼마 전 SNS 사용 시간을 조사한 바에 따르면, 10대 청소년의 경우 하루 1시간 이상 사용 비율이 27.8%나 되고 20대도 27.5%나 된다고 한다. 30대는 16.8%이다. 3시간 이상 사용 비율도 10대가 41.5%, 20대 19%, 30대는 6.6%에 이른다. 페이스북과 인스타그램 같은 SNS 사용 시간만 그렇다. 그러니 유튜브와 게임, 뉴스, 검색, 쇼핑까지 합치면 우리가 인터넷에 쓰는 시간이 얼마나 많겠는가.[13]

디지털 기기의 과다 사용은 그 자체가 심한 피로를 유발한다. 일하다가 쉬기 위해서 들어간다고 해도, 인터넷이 오히려 피로를 가중시킨다. 스마트폰과 휴식에 대한 많은 연구가 '휴식 시간에 스마트폰을 사용하는 것이 아예 휴식을 취하지 않는 것만큼이나 정신력을 고갈시킨다'는 결과를 내놓고 있다.[14]

둘째, 과다 사용을 넘어서 중독도 문제다. 요즘 스마트폰 중독에 관한 기사를 심심치 않게 볼 수 있는데, 디지털 치매나 의존을 넘어서 중독은 사회 문제나 다름없다. 중독은 일상에 지장을 줄 정도로 무언가에 몰두함으로 인한 폐해를 절감하면서도 헤어나지 못하는 것을 말한다. 쾌감과 자극에 무뎌져 점점 더 많은 시간과 노력을 투입해야 한다. 스마트폰을 손에서 놓지 못하는 것도, 사용 시간이 계속 느는 것도 이런 이유다. 스마트폰을 하느라 아무것도 못한다. 하지 않으면 금단현상을 일으킨다. 그러니 쉴 수가 없다. 디지털 기기, 인터넷과 거리를 두지 않는 한 쉼도 없고, 휴일을 의미 있게 보내는 대안적 삶에서는 더욱 멀어진다.

셋째, 인터넷은 불안이나 우울 같은 심리적 장애를 유발할 수 있다. 영국 코스메틱 브랜드인 러쉬는 SNS가 사람들의 정신건강에 나쁜 영향을 미친다는 이유로 페이스북, 인스타그램, 왓츠앱 등 SNS상의 모든 브랜드 활동을 중단하기도 했다.[15] 얼마 전에는 인스타그램이 청소년들에게 해롭다는 걸 알면서도 광고 수입이 줄 것을 우려해서 아무런 대응을 하지 않았다는 페이스북 직원의 내부 고발이 있었다.[16] 인스타그램이 불안과 우울증을 유발할 수 있다는 것인데, 이는 청소년만이 아니라 전 연령대에서 나타나는 현상이라고 한다. 사람들은 자신이 올린 콘텐츠에 얼마나 많은 '좋아요'와 댓글이 달리는지, 친구나 팔로

워가 몇 명 늘었는지에 계속 주의를 기울이는 등 타인의 시선과 평가에 매달린다. SNS에 올라온 다른 사람들의, 대개는 꾸며진, 화려한 일상과 비교하면서 열등감을 느끼기도 한다. SNS 사용이 잦을수록 불안이나 불만, 우울감에 빠지는 것이다.

일상을 지배하는 디지털 기기와 그것을 통해 접속하는 인터넷에서 자유롭지 못하면 쉼을 누리기 어렵다. 특히 SNS는 심리적 장애까지 가져오기 때문에 거리를 둘 필요가 있다. 즉 타인의 시선과 평가로부터의 자유이다. 남들의 기준과 요구로부터의 자유이기도 하다. 이 자유를 얻지 못하는 한 나 자신이라는 주체와 삶이 희생당할 위험이 있다. 나다운 삶은 사라지고 타인의 아바타가 될 수 있다. 그러면 진정한 의미에서의 자아실현도 어렵고, 자기중심의 욕망도 억압된다. 집에서 쉬려면 우선 문부터 닫아걸지 않는가? 나만의 시간과 공간을 확보해야 안심하며 쉴 수 있다. 휴일에도 SNS를 열어놓는 한 마음 편히 쉴 수 없음은 분명하다.

사람들은 SNS를 하지 않으면 관계가 멀어지고, 관심을 받지 못하고, 인정을 받지 못할 것만 같은 불안에 휩싸인다. 하지만 이런 불안들은 오이디푸스 시기부터 형성된 오래된 불안이자 사람이라면 누구나 비슷하게 겪는 것이며, 자라면서 극복해야 할 것이기도 하다. 즉 나만 겪는 불안이 아니란 말이다. 그런데 우리는 이런 불안 때문에 성공을 욕망하고 일에 매달림으로써 쉬지 못한다. 타인의 주목과 인정을 받으려고 허상에 불과한 이미지를 만들어내기도 하며, 댓글과 '좋아요'에 신경을 쓴다. 직업과 관계없는 또 하나의 일, 급여도 나오지 않는 가욋일을 하면서 사는 셈이다.

디지털의 위험에서 벗어나는 아날로그 선택

온전한 쉼을 원한다면 주중 하루만이라도 인터넷에 접속하지 말아야 한다. 디지털 디톡스를 실천한다면 인터넷 과다 사용으로 인한 여러 부작용을 해소할 수 있다.

앞서 휴일에 해야 할 것으로 자기 나름대로 규율을 정하기, 놀이와 섹스, 자기성찰, 공부, 모임 등을 살펴보았다. 인터넷이나 디지털 기기를 이용해서 할 수도 있지만, 인터넷이 없어도 할 수 있는 하나같이 아날로그적인 것들이다. 휴일에 인터넷에 접속해서 SNS나 게임 등을 하면 눈 깜짝할 새에 하루가 그냥 가버리는 것은 물론 격렬한 운동을 한 것도 아닌데 무척 피곤한 상태가 된다. 뇌가 쉴 틈 없이 쏟아지는 정보를 처리하느라 에너지를 엄청나게 소모한 탓이다. 인지심리학자인 대니얼 레버틴$^{Daniel Levitin}$은 사람의 뇌는 정보가 넘쳐 나면 과부하 상태에 빠진다고 했다.[17] 인터넷에 접속하는 일은 결국 진정한 의미에서 쉼을 제공하지 못한다는 것이다. 휴일에 디지털 세계에서 빠져나와 아날로그의 세계로 되돌아가야 하는 이유이다.

일하는 시간에는 얼마든지 디지털 기기를 활용할 수 있고, 쉬는 시간에 인터넷 문화를 즐길 수 있다. 하지만 휴일에는 인터넷 접속을 끊는 게 좋다. 기꺼이 아날로그 삶의 방식을 선택하고, 자유롭게 자신을 성찰하고 관계를 만들어가는 진정한 쉼을 누리자. 그것이 휴일을 잘 보내는 일이고, 종교적으로 표현하면 안식일을 '거룩하게' 지키는 일이다.

▲
칼 라르손의 〈일요일의 휴식〉(1900)

한적하기 그지없는 어느 일요일 오후,
한 여인이 거울을 통해 자신을 성찰하는 듯한 모습이 인상적이다.

어느 자영업자에게 바치는 송가

쉼을 주제로 많은 이야기를 했다. 왜 쉬지 못하는지 그 이유도 찾아보았고, 쉼은 무엇인지, 어떻게 쉬어야 하는지도 생각해 보았다. 함께 읽고 생각하고, 이해하거나 공감할 수 있다면 충분했다고 본다. 다만 이런 말들 자체가 아무런 도움이 되지 않을 정도로 절박한 상황에 내몰린 사람들도 많다는 점에서, 그런 분들에게 ―역시 도움이 될지는 모르겠지만― 한마디 덧붙이는 심정으로 적어본다.

요즘 자영업자들의 고생이 이만저만이 아니다. 우리나라가 다른 나라에 비해 자영업자 비율이 높다는 건 익히 알려져 있다. 더구나 생계형 자영업자가 많고 폐업률마저 높다. 그만큼 우리 사회가 취약하고 불안정하다는 뜻이기도 하다. 하루하루 살얼음판을 걷는 심정이 아닐까 한다. 코로나19 팬데믹 이후 인플레이션과 불황으로 임대료 내기도 힘든데, 최저임금도 높아 가족까지 동원할 수밖에 없다. 그렇다 보니 하루 10시간 근무는 보통이다. 어느 편의점 사장님은 아내와 교대하며 잠자는 시간만 빼고 가게 일을 본다고 하소연한다. 이런 상황에서 일을 줄이라거나 쉬라고 하는 말 자체를 꺼내는 게 조심스럽다. 쉬기는커녕 없는 시간도 더 내서 부지런히 쓸고 닦아서 가게를 반짝반짝하게 유지해도 모자랄 텐데 말이다.

잠시 나의 어머니에 관한 이야기를 해볼까 한다. 대안도 대책도 아니지만, 이런 경우도 있다는 정도로 이해해주면 좋을 것 같다.

이북에서 내려온 어머니는 홀로 우리 삼남매를 키우셨다. 남한에 일가친척 하나 없는 혈혈단신이었다. 살기 위해 치열한 생계현장으로 나서야 했다. 어머니는 청량리시장에 나가 가게도 아닌 노점좌판에서 옷가지 파는 일을 하셨다. 일 년 사시사철을 하루도 쉬지 않고, 아침 일찍 동대문 평화시장에 가서 옷가지를 떼어다 파셨다. 어머니의 가장 큰 희망이 노점을 벗어나 가게를 얻는 것이었다. 어느 해엔가 빚도 많이 졌지만 가게를 얻어 시작할 수 있었다. 물건도 많이 떼어다 놓고 그럴듯하게 차렸다. 그러나 며칠 후 밤사이에 도둑이 들어 모든 걸 다 쓸어갔다. 어머니는 충격과 고통을 이기지 못해 몸져누우셨다. 어린 나도 두려움과 슬픔에 휩싸여 숨이 막힐 지경이었다.

어머니에게는 누워 있는 시간마저 사치였다. 그럴 처지가 아니었다. 며칠 지나지 않아, 어머니는 아주 형편없는 노점자리나마 얻어서 다시 장사를 시작하셨다. 나는 예순이 넘은 지금도 청량리시장 좌판에 앉은 어머니를 찾으러 가는 꿈을 꾸곤 한다.

그러던 어머니에게 변화가 생겼다. 교회를 다니기 시작하신 것이다. 그러나 하루도 장사를 쉴 수 없었기 때문에, 일요일이면 오전 예배만 얼른 보고 다시 시장에 가는 식이었다. 먹고살아야 하고 자식들 학교도 보내야 하는데, 지금이나 그때나 적은 돈이 드는 건 결코 아니다. 여인 홀몸으로, 하찮은 노점 장사로 벌어야 얼마나 벌까? 쉬지 않고 일하는 외에는 도리가 없었다. 엄마가 그리워서 저녁나절 시장에 가서 곁에 있을 때면 이제 그만 들어가자고 조르곤 했다. 그러면 어머니는 하나만 더 팔고 가자며 마감을 계속 늦추셨다. 그런 실랑이는 밤늦어 오가는 사람들이 끊어질 무렵까지 계속되었다.

이런 사정이니, 어머니에게는 교회 가는 일요일 오전마저 비우는 건 큰 모험이었을 것이다. 그런데 목사님은 그것도 모자란지 '주일에는 일하지 말라', '주일을 온전히 지키라'고 설교하고, 직접 찾아와 권유도 했다. 어머니의 갈등과 고민이 어땠을지! 한나절 비우는 것도 모험인데, 하루 종일 그것도 사람들이 다 나와 장을 보는 일요일을 비워야 하다니. 그처럼 무모한 일이 어디 있을까?

그러다가 어머니는 어떤 결심을 하셨는지, 일요일에 시장에 나가지 않으셨다. 예배만 보시고 집에 돌아와서 이런저런 일을 하시긴 했지만, 전보다 훨씬 여유 있는 생활이었다. 그 당시 어머니가 일요일이면 곱게 차려 입고 교회에 가서 예배드리고 친구들과 앉아서 담소하던 모습이 눈에 선하다. 그 후로도 어머니는 노점상을 벗어나지 못하셨고 늘 쪼들리는 건 변함이 없었다. 하지만 어머니의 일요일은 한 번도 달라지지 않았다.

그때 목사님의 권유가 무리였을지도 모른다. 어머니가 어떤 셈으로 결단을 내렸는지도 모른다. 아니, 셈 자체가 없었을지 모른다. 그러나 어머니는 당신의 결정에 충실했고, 후회하거나 되돌려본 적도 없었다고 기억한다. 어머니가 조금이나마 쉼과 자신만의 시간을 가질 수 있었던 건 그런 뒤였다. 지금에 와서 돌아보면, 어머니가 그 결심을 안 했다면 그 일생이 결국 어떤 것이었을지 생각만 해도 끔찍하다.

사람은 기계가 아니다. 노예도 아니다. 누구든지 다 그렇다. 일만 하며 사는 건 사는 게 아니다. 이유가 있다는 걸 이해한다. 일할 수밖에 없는 처지를 모르는 것도 아니다. 그러나 자기 삶을 돌아볼 필요가 있다. 쉼 없이 일만 하는 건 인생이 아니다. 그렇게 사는 건 자기에게도 나쁘고, 자기를 사랑하는 가족들에게도 나쁘다. 자기의 희생이 가족들에게는 더할 나위 없이 고맙겠지만, 다른 한편으로는 미안함과 가슴 아픔으로 오래 남을 수 있다. 자기가 좋고 자기에게 좋은 게 가족과 다른 사람들에게도 좋다.

일을 하루 쉰다고 어떻게 되지 않는다. 우리는 그 손실을 보충할 힘이 있고, 생각도 있다. 최악의 경우, 다 털어내고도 살아갈 길이 있다. 하늘이 무너져도 솟아날 구멍이 있다지 않은가. 그런 믿음이 귀하다. 자기에 대한 믿음, 가족과 주변 사람들에 대한 믿음, 사회에 대한 믿음이다. 종교적으로는 신에 대한 믿음이라 할 수 있다. 그런 믿음으로, 그냥 쉬면 되는 거다.

주석

들어가는 글

1 아브라함 요수아 헤셸, 김순현 옮김, 《안식》, 복 있는 사람, 2019, 167쪽.

1부 우리는 왜 쉬지 못하는가

1 이오갑, 〈안식일에 대한 신학적 단상들 2〉, 《케이씨대학교 교수논문집》 vol. 18, 2018, 29~35쪽을 일부 수정 및 재수록.

2 이하 에리크 쉬르데주, 권지현 옮김, 《한국인은 미쳤다》, 북하우스, 2015 그리고 출판사 뉴스펀딩 자료 참조.

3 KOSIS 근로자당 연평균 실제 노동시간(OECD) 통계 참조. https://kosis.kr/statHtml/statHtml.do?orgId=101&tblId=DT_2KAA314_OECD (최종 접속 2023년 1월 2일)

4 권태억, 《근현대 한국 탐사》, 역사비평사, 2007, 398~400쪽.

5 한병철, 김태환 옮김, 《피로사회》, 문학과지성사, 2012, 이하는 이 책의 관련 내용을 요약 소개한 것이다.

6 이상 리오 휴버먼, 장상환 옮김, 《자본주의 역사 바로 알기》, 책벌레, 2000, 15~16쪽, 32~33쪽, 37~38쪽.

7 Jean-François Bergier, "Taux de l'intérêt et crédit à court terme à Genève dans la seconde moitié du XVI siècle." dans *Studii in onore d'Amintore Fanfanie*, t. IV, Eco Moderno, (Milan: 1962). 92~93. Cf. 이오갑, 〈14장 '칼뱅과 자본주의' 논쟁의 역사 II〉, 《칼뱅, 자본주의의 고삐를 잡다: 그의 경제사상과 자본주의》, 한동네, 2019, 492~493쪽.

8 《신약성서》, 고린도전서 7:20.

9 자본주의 '정신'은 20세기 초 막스 베버(Max Weber)가 유행시킨 용어이다. 베버는 근면한 노동과 합리적 사유로써 부를 축적하고 재투자하여 더 큰 부를 이루고, 결과적으로 자본주의의 발전을 가져온 것을 근대인의 '정신'으로 보았고, 그것을 프로테스탄티즘, 특히 칼뱅주

의에서 찾았다. 하지만 이에 반론을 편 경제사학자들도 많다. 그중에 판파니가 있다.

10 A. Fanfani, *Le origigini dello spirito capitalistico in Italia*, (Milan: Vita e Pensiero, 1933). 이 책에 대한 마르크 블로흐의 서평과 베르지에의 평가 참조. M. Bloch, "Encore les origines de l'esprit capitaliste", *Annales d'histoire économique et sociale*, No. 31, 7e année, 31 Janvier, 1935, 92-94. Jean-François Bergier, "Taux de l'intérêt et crédit à court terme à Genève dans la seconde moitié du XVI siècle", 117~118. Cf. 이오갑, 〈13장 칼뱅과 자본주의' 논쟁의 역사 I〉, 《칼뱅, 자본주의의 고삐를 잡다: 그의 경제사상과 자본주의》, 특히 418~425쪽, 463~466쪽.

11 니콜로 마키아벨리, 곽차섭 옮김, 《초판본 군주론》, 도서출판 길, 2016. 그리고 위키백과 '마키아벨리' 참조.

12 칼뱅 자신의 예정론에 관해서는 이오갑, 《칼뱅의 신과 세계》, 대한기독교서회, 2010, 〈13장 예정론〉을 참조할 수 있다.

13 Cf. Denis Crouzet, *Jean Calvin, vies parallèles*, (Paris: Fayard, 2000), 168~169.

14 리오 휴버먼, 장상환 옮김, 《자본주의 역사 바로 알기》, 224~227쪽.

15 매일노동뉴스 편집부, "ILO 기본협약 8개 모두 비준한 방글라데시", 매일노동뉴스, 2022.3.24. https://www.labortoday.co.kr/news/articleView.html?idxno=208010 (최종 접속 2023년 1월 2일)

2부 쉼을 가능하게 하는 것들

1 신학에서의 욕망에 관해, 이오갑, 〈제7장 인간의 욕망〉, 《칼뱅의 인간》, 대한기독교서회, 2012, 165쪽 이하.

2 기독교의 유일신 사상과 그 의미에 관해, 이오갑, 《두려움으로부터의 자유》, 한동네, 2015, 57쪽 이하.

3 지그문트 프로이트, 김정일 옮김, 《성욕에 관한 세 편의 에세이》, 열린책들, 1998, 294쪽 이하; 강응섭, 《프로이트: 무의식을 통해 마음을 분석하다》, 한길사, 2010, 115~118쪽.

4 장-다비드 나지오, 표원경 옮김, 《오이디푸스, 정신분석의 가장 근본적 개념》, 한동네, 2017, 특히 50~51쪽, 82~87쪽 등.

5 Cf. 폴-로랑 아순, 이오갑 옮김, 《불안의 정신분석》, 한동네, 2022, 49~50쪽.

6 거세 불안에 관하여, 위의 책, 91쪽 이하.

7 장-다비드 나지오, 표원경 옮김, 《정신분석의 근본 개념 7가지》, 한동네, 2017, 17쪽 이하. 거세에 관해서는 기본적으로 이 책의 내용을 정리해서 소개했다.

8 장-다비드 나지오, 표원경 옮김, 《정신분석의 근본 개념 7가지》, 240쪽 이하. 초자아에 대한 설명은 기본적으로 이 책의 6장 〈초자아〉 231~257쪽을 중심으로 요약 정리한 것이다.

9 강응섭, 《프로이트: 무의식을 통해 마음을 분석하다》, 160쪽 이하. 그리고 옥타브 마노니, 변지현 옮김, 《프로이트: 라깡 학파의 프로이트 읽기》, 백의, 1996, 208~210쪽.

10 프로이트는 1533년의 정신분석 31번째 강의에서(《정신분석 입문》 또는 《새로운 정신분석 강의》) 초자아를 '다양한 문화의 전달 수단', '가치 판단과 전통의 대표자' 등으로 소개한다. 엘리자베트 루디네스코 · 미셀 플롱, 강응섭 · 권희영 · 여인석 · 이유섭 · 정혜숙 옮김, 《정신분석 대사전》, 백의, 2005, 1078쪽. 장 라플랑슈 · 장 베르트랑 퐁탈리스, 임진수 옮김, 《정신분석 사전》, 열린책들, 2005, 462쪽.

11 장-다비드 나지오, 표원경 옮김, 《정신분석의 근본 개념 7가지》, 234쪽.

12 위의 책, 239~240쪽.

13 위의 책, 241쪽.

14 위의 책, 242쪽.

15 위의 책, 243~244쪽.

16 위의 책, 244~245쪽.

3부 어떻게 쉴 것인가

1 아브라함 요수아 헤셀, 김순현 옮김, 《안식》, 59쪽.

2 베르나르 베르베르, 이세욱 옮김, 《상대적이며 절대적인 지식의 백과사전》, 열린책들, 2005, 114쪽.

3 이하 '다른 시간'으로서 안식일의 성격에 관해서는 이오갑, 〈안식일에 대한 신학적 단상들 1〉, 《케이씨대학교 교수논문집》 vol. 17, 35~40 참고.

4 Cf. 천사무엘, 《성서주석 1: 창세기》, 대한기독교서회, 1999, 24쪽. 그리고 〈안식일에 대한 신학적 단상들 1〉, 《케이씨대학교 교수논문집》 vol. 17~20, 24.

5 이하 월터 브루그만, 박규태 옮김, 《안식일은 저항이다》, 복 있는 사람, 2014, 26~29쪽. 그리고 이 내용은 이오갑, 〈안식일에 대한 신학적 단상들 1〉, 《케이씨대학교 교수논문집》 vol. 17, 2017, 25~27쪽 내용을 수정·보완한 것이다.

6 프로이트, 김정일 옮김, 《성욕에 관한 세 편의 에세이》, 254쪽 이하.

7 Cf. 폴-로랑 아순, 이오갑 옮김, 《불안의 정신분석》, 91~92쪽.

8 위의 책, 108쪽.

9 아브라함 요수아 헤셸, 김순현 옮김, 《안식》, 58~59쪽, 83쪽.

10 Cf. 이오갑, 《한국교회, 신학에서 길을 열다》, 〈10장 한국 문화와 문화적 기독교〉, 한동네, 2020, 281~282쪽.

11 신경림, 《농무》, 창작과비평사, 1976, 14쪽.

12 닐슨코리아, 〈2020 미디어 리포트: 라이프 스타일 및 기술환경 변화에 의한 미디어 소비 변화〉. 이한승, "주52시간제로 여가시간 증가…미디어 이용 61% 늘어", 연합뉴스, 2020.2.2.에서 재인용. https://www.yna.co.kr/view/AKR20200131168300017 (최종 접속 2023년 1월 2일)

13 김종민, "10대 10명중 4명, 하루 3시간 넘게 SNS… '유튜브' 선호", 뉴시스, 2019.4.20.에서 재인용. https://www.newsis.com/view/?id=NISX20190419_0000626007 (최종 접속 2023년 1월 2일)

14 정연호, "스마트폰을 통한 휴식, 정말 휴식이 맞을까요?", IT동아, 2022.10.19. https://it.donga.com/102911

15 박서윤, "SNS중독이 무서운 이유… '매일 접속하고 댓글에 울고 웃죠'", 스냅타임, 2022.1.19. https://www.edaily.co.kr/news/read?newsId=02020486629275568&mediaCodeNo=257 (최종 접속 2023년 1월 2일)

16 천호성, "신원 드러낸 페북 내부고발자… '페북, 공익 저버려'", 한겨레, 2021.10.5. https://www.hani.co.kr/arti/economy/it/1013823.html (최종 접속 2023년 1월 2일)

17 김도균, "과도한 정보에 뇌는 지친다… 뇌 쉬게 하는 방법", SBS뉴스, 2017.4.27. https://news.sbs.co.kr/news/endPage.do?news_id=N1004168575 (최종 접속 2023년 1월 2일)

인간을 살리는 쉼에 관한 21가지 짧은 성찰

아무 일도 하지 말라

1판 1쇄 인쇄 2023년 2월 1일
1판 1쇄 발행 2023년 2월 8일

지은이 이오갑
펴낸이 고병욱

기획편집실장 윤현주   **책임편집** 김경수   **기획편집** 한희진
마케팅 이일권, 김도연, 김재욱, 오정민, 복다은
디자인 공희, 진미나, 백은주   **외서기획** 김혜은
제작 김기창   **관리** 주동은   **총무** 노재경, 송민진

펴낸곳 청림출판(주)
등록 제1989-000026호

본사 06048 서울시 강남구 도산대로 38길 11 청림출판(주)
제2사옥 10881 경기도 파주시 회동길 173 청림아트스페이스
전화 02-546-4341 **팩스** 02-546-8053

홈페이지 www.chungrim.com
이메일 cr2@chungrim.com

ⓒ 이오갑, 2023

ISBN 979-11-5540-212-2 03100

* 이 책은 저작권법에 따라 보호를 받는 저작물이므로 무단전재와 무단복제를 금합니다.
* 책값은 뒤표지에 있습니다. 잘못된 책은 구입하신 서점에서 바꿔 드립니다.
* 추수밭은 청림출판(주)의 인문교양 브랜드입니다.